Pierre Boucher

HISTOIRE VÉRITABLE ET NATURELLE DES MŒURS ET PRODUCTIONS DU PAYS DE LA NOUVELLE-FRANCE VULGAIREMENT DITE LE CANADA

Établi en français moderne
par Pierre Benoit

SEPTENTRION

Pour effectuer une recherche libre par mot-clé à l'intérieur de cet ouvrage, rendez-vous sur notre site Internet au www.septentrion.qc.ca

Les éditions du Septentrion remercient le Conseil des Arts du Canada et la Société de développement des entreprises culturelles du Québec (SODEC) pour le soutien accordé à leur programme d'édition, ainsi que le gouvernement du Québec pour son Programme de crédit d'impôt pour l'édition de livres.

Financé par le gouvernement du Canada | Canada

La couverture est fortement inspirée de l'édition de 1964 du livre de Pierre Boucher par la Société historique de Boucherville. Portrait de Pierre Boucher, BANQ, 52327/1956765.
Chargée de projet : Sophie Imbeault
Mise en pages et maquette de couverture : Pierre-Louis Cauchon

Si vous désirez être tenu au courant des publications
des ÉDITIONS DU SEPTENTRION
vous pouvez nous écrire par courrier,
par courriel à sept@septentrion.qc.ca,
ou consulter notre catalogue sur Internet :
www.septentrion.qc.ca

835, av. Turnbull
Québec (Québec)
G1R 2X4

Dépôt légal :
Bibliothèque et Archives
nationales du Québec, 2014
ISBN papier : 978-2-89448-798-3
ISBN PDF : 978-2-89664-873-3

Diffusion au Canada :
Diffusion Dimedia
539, boul. Lebeau
Saint-Laurent (Québec)
H4N 1S2

Ventes en Europe :
Distribution du Nouveau Monde
30, rue Gay-Lussac
75005 Paris

PRÉFACE

La Commission franco-québécoise sur les lieux de mémoire communs a pour mission de connaître et faire connaître, inventorier, commémorer et mettre en valeur les lieux de l'histoire commune de la France et du Québec ; un lieu de mémoire étant entendu comme un lieu physique, un personnage, un événement ou un élément de patrimoine immatériel.

C'est exactement le but poursuivi avec la publication de cet ouvrage de Pierre Boucher qui a fait date. 350 ans après sa première parution, il est toujours d'actualité.

Pierre Boucher est un personnage unique de l'histoire de la Nouvelle-France. Sans vouloir présenter une biographie complète, mentionnons qu'il arrive dans la colonie en 1635. Il vit en Huronie de 1637 à 1641 et y apprend les dialectes des autochtones. De retour, il passe par Québec, puis Ville-Marie pour s'établir à Trois-Rivières de 1644 à 1667. Dans cette ville, il est le personnage central. Il en assure la défense contre les attaques iroquoises et en devient gouverneur en 1654. En 1661, après son anoblissement par Louis XIV, il est choisi par le gouverneur Davaugour pour se rendre en France afin de convaincre le roi d'assurer la protection de la colonie. Lorsqu'il s'embarque en 1662 à La Rochelle, il peut compter sur deux navires et est accompagné de 100 soldats, de vivres et de munitions promis par le souverain. Son passage à Paris a suscité beaucoup de curiosité au sujet de la Nouvelle-France. C'est dans ce contexte qu'il écrit l'*Histoire Véritable et Naturelle du pays de la Nouvelle-France*, publiée à Paris en 1664.

Par la suite, en 1667, Pierre Boucher reçoit en concession la seigneurie des îles Percées et choisit d'aller s'y installer : la ville de Boucherville est fondée. C'est là qu'il décède en 1717.

Dans son avant-propos, Pierre Boucher affirme les objectifs qu'il poursuit. L'un d'eux est de mieux faire connaître la Nouvelle-France, alors que son roi a choisi d'y encourager le peuplement en mettant fin à l'insécurité causée par les incursions iroquoises.

L'ouvrage suit les récits de Samuel de Champlain et les *Relations* des Jésuites. Pierre Boucher ne l'ignore pas, mais il y prend appui, comme il l'écrit : « je ne vous dirai quasi rien qui n'ait déjà été dit par ci-devant ou que vous ne puissiez trouver dans les Relations des RR.PP. Jésuites, ou dans les voyages du sieur de Champlain, mais comme cela n'est pas ramassé dans un seul livre, et qu'il vous faudrait lire toutes les Relations, pour trouver ce que j'ai mis ici, cela vous sera une facilité surtout pour ceux qui n'ont d'autres desseins que de connaître ce que c'est du pays de la Nouvelle France… »

C'est un livre de géographie, même un guide touristique moderne. On y voit défiler une description du pays, de ses richesses naturelles et de ses habitants, de Gaspé jusqu'au lac Supérieur. Le lecteur prend même plaisir à comparer nos lieux actuels avec ce qu'ils étaient au temps de Boucher. Une lecture fascinante, rendue facile par le travail de Pierre Benoît.

L'effet de cette œuvre est important et a pour conséquence la venue du régiment Carignan-Salières en 1665 et la politique de protection et de développement que suivra la France à l'égard de sa colonie.

On peut certes déplorer que Voltaire n'ait pas lu, un siècle plus tard, cet ouvrage. Son avis sur les quelques arpents de neige aurait peut-être pu changer…

Pierre Boucher a été réédité quelques fois. En 1964, c'était un gros bouquin qui reprenait le texte dans la langue originale. Cinquante ans plus tard, afin d'en diffuser le message, nous le reprenons dans le langage d'aujourd'hui. Pour ce faire, nous avons mandaté notre ami Pierre Benoit, éminent généalogiste, pour « traduire » cette œuvre. Il l'a fait avec beaucoup de distinction et nous sommes fiers de vous présenter le produit final.

Ainsi, le nom, le personnage et l'œuvre de Pierre Boucher ne seront pas oubliés. Qui plus est, cette publication nous conduira en 2017 au 350e anniversaire de la ville qui porte son nom, Boucherville. La Commission ne pouvait mieux contribuer à cet anniversaire qui s'en vient.

Je vous souhaite donc une bonne lecture.

DENIS RACINE
Coprésident
Commission franco-québécoise
sur les lieux de mémoire communs

COMMISSION FRANCO-QUÉBÉCOISE
SUR LES LIEUX
DE MÉMOIRE COMMUNS

INTRODUCTION

L'*Histoire Véritable et Naturelle...* en français moderne

En 2014, la Commission franco-québécoise sur les lieux de mémoire communs tient à commémorer le 350e anniversaire de la parution à Paris du petit traité de Pierre Boucher en 1664. En prévision de cet événement, elle me confiait la tâche d'établir en français moderne le texte de cet ouvrage riche d'enseignements de toutes sortes sur l'histoire de la Nouvelle-France.

Pour célébrer le 300e anniversaire de sa parution, la Société historique de Boucherville innovait en 1964 en publiant une réédition critique de ce traité d'histoire naturelle réalisé par Pierre Boucher[1]. Pour le plus grand plaisir du lecteur, cette nouvelle version était abondamment commentée par des experts soucieux d'en révéler toute la richesse du contenu. En dépit de la qualité photographique remarquable de

1. Société historique de Boucherville, *Histoire Véritable et Naturelle des mœurs et productions du Pays de la Nouvelle-France vulgairement dite le Canada. 1664, Pierre Boucher*, 1964, 401 p.

Portrait de Pierre Boucher (1622-1717)
« Comme Champlain et Talon, Pierre Boucher a cru à la possibilité de créer un peuple nouveau par l'alliance de Français et d'Indiennes. » Raymond Douville, *Dictionnaire biographique du Canada*.
Bibliothèque et Archives Canada, C-009629.

l'édition de 1964, elle était toujours présentée en vieux français. D'où l'initiative de la Commission franco-québécoise d'en livrer une traduction en français moderne pour une meilleure utilisation de cette description ethnologique consacrée à la Nouvelle-France du XVIIe siècle.

Paru initialement en format in-12, le livre comporte des pages très petites. Le texte proprement dit de l'*Histoire Véritable et Naturelle...* s'étale sur 168 pages de 23 lignes. Il est précédé d'une page-titre, d'une épître (7 pages), d'un avant-propos (13 pages). On trouve à la fin du volume une table des matières (2 pages).

La traduction qui vous est proposée ici s'applique, pour la première fois, à toutes ces parties. Elle respecte la présentation de l'édition originale : même pagination, même largeur et hauteur du texte, même ponctuation (sauf exception), enluminures, tailles des caractères, etc. Elle s'apparente donc, à bien des égards, à la version originale de 1664, si l'on s'emploie à les mettre côte à côte.

Un certain nombre de notes de bas de page permet de mieux comprendre certaines expressions désuètes ou de vieux mots, tels : *ils sont fort aumôniers*; *pétun*, remplacés par *ils sont fort charitables; tabac,* etc. Je me suis permis de corriger des fautes typographiques ou grammaticales. Par exemple, la dernière ligne de la page 99 a été éliminée afin de préserver la cohérence du texte. Elle n'était qu'un dédoublement de la première ligne de la page 108. Le numéro de la page 344, de l'édition originale, a été changé pour 144 afin de respecter l'ordre des pages.

Le style et la couleur du texte de Pierre Boucher sont respectés pour en conserver la fraîcheur. La plupart des archaïsmes sont maintenus pour les mêmes raisons. Les changements s'appliquent essentiellement à l'orthographe actuelle pour en faciliter la lecture.

Chose surprenante, il est reconnu qu'il est sorti des presses de l'imprimerie de Florentin Lambert, plusieurs variantes de l'édition originale. Marie Baboyant, bibliothécaire et directrice de la Salle Gagnon à la Bibliothèque de Montréal, reconnaît et décrit sommairement les 23 exemplaires qui ont subsisté jusqu'à aujourd'hui (1964). Plusieurs d'entre eux ne mentionnent pas le nom de l'auteur sur la page-titre tandis que d'autres le précisent. Dans la dédicace à Colbert, son titre est parfois « Conseiller du Roy, en tous ses Conseils ». Dans d'autres exemplaires, il est cité de la façon suivante : « Conseiller du Roy en son Conseil Royal ». Tous ces changements et d'autres modifications mineures seraient survenus en cours d'impression de l'édition originale.

L'édition retenue par la Société historique de Boucherville est l'une des mieux conservées. Elle lui avait été prêtée par la famille de M. Georges-Alphonse Daviault de Berthierville. Elle fait mention du nom de l'auteur dans la page-titre et présente Colbert comme « Conseiller du Roy, en tous ses Conseils », au début de l'épître. L'exemplaire aurait donc paru après ceux qui furent sortis en premier des presses, et cela après corrections.

Situation désespérée de la Nouvelle-France en 1661

En 1661, la Nouvelle-France est en péril, on parle même de l'abandonner. L'expérience désastreuse de Dollard des Ormeaux au Long-Sault date à peine d'un an. Un nouveau gouverneur, le marquis Dubois-d'Avaugour, est arrivé à l'été dans la colonie. Il se rend compte rapidement de l'état désespéré dans laquelle elle se trouve. Après consultation des notables de la population, il confie à Pierre Boucher[1] la mission d'aller plaider auprès du roi de France le soutien nécessaire à la préservation du pays.

1. Voir en annexe l'excellente biographie de Pierre Boucher par Raymond Douville : « Boucher, Pierre », dans *Dictionnaire biographique du Canada*, vol. 2, Université Laval et University of Toronto, 2003, p. 86-91.

Tous reconnaissent en lui une très grande valeur, tant humaine que militaire. C'est un homme d'expérience et d'une probité exemplaire. Il connaît la Nouvelle-France mieux que quiconque. Il a vécu en Huronie dès son jeune âge avec les pères jésuites. Pendant quatre ans, de 1637 à 1641, il a appris de nombreux dialectes amérindiens. Dès son retour parmi les siens, il sera tour à tour interprète, soldat, juge civil et criminel, commandant puis gouverneur des Trois-Rivières, poste stratégique dans la défense du pays.

Durant plusieurs années, il a participé à de nombreux combats contre les Iroquois. En 1653, il démontre des qualités de chef et de fin stratège. Pour mieux protéger les habitants des environs des Trois-Rivières où il est commandant, il les regroupe auprès du fort. Ces derniers vont se distinguer brillamment en repoussant avec succès les attaques successives d'une bande de 600 Iroquois. Chose étonnante, après l'affrontement, il décide de sortir seul du fort pour aller discuter avec ces derniers. Doté d'une force communicative impressionnante, il réussit à leur imposer ses conditions. On découvre alors un homme respecté tant par ses compatriotes que par ses ennemis. Voilà les qualités exceptionnelles de l'homme choisi, en 1661, pour représenter les doléances de la population auprès des autorités de la métropole.

Le 22 octobre 1661, il s'embarque pour la France. Durant son séjour à Paris, il témoigne et répond aux nombreuses questions qui lui sont posées par les personnes intéressées à la Nouvelle-France. Il est reçu en audience par le roi qui l'écoute et le questionne longuement. Il sait plaider avec conviction et sincérité. La Nouvelle-France ne mérite-t-elle pas d'être peuplée et défendue ? Louis XIV promet un soutien énergique à sa colonie. Colbert souhaite en connaître davantage sur les ressources du pays. Le 17 juillet 1662, date de son départ, Pierre Boucher s'embarque à La Rochelle avec 200 hommes, dont 100 soldats promis par le roi. Il arrive à Québec le 28 octobre après un long et pénible voyage pendant lequel périrent 60 de ses nouvelles recrues.

Dès son retour, il se met à l'œuvre pour rédiger son *Histoire Véritable et Naturelle*... qu'il dédie à Colbert. C'est un prospectus de colonisation qu'il finit de composer le 8 octobre 1663 à Trois-Rivières. Dans l'avant-propos, il explicite les raisons qui l'ont motivé à écrire : renseigner le public français sur la colonie et intéresser tous ceux qui voudraient venir s'y établir. Il en profite pour répondre aux nombreuses questions qui lui furent posées sur la vie en Nouvelle-France. Il plaide, en outre, la protection du roi afin de mâter les Iroquois qui terrorisent le pays.

Le récit de son *Histoire Véritable et Naturelle...* résume en partie ce qu'on pouvait trouver dans les *Relations* des Jésuites et dans les récits des *Voyages* de Champlain. Il se révèle un excellent géographe et naturaliste quand il traite de la géographie, des animaux, des plantes et des peuples indigènes. Parlant toujours en connaissance de cause, il est rigoureux et vrai. S'il ne connaît pas tous les noms, il l'avoue humblement : « je vous assure, mon cher lecteur, que j'ai vu la plus grande partie de tout ce que je vous dis, et que le reste je le sais par des personnes très dignes de foi. »

Ce faisant, il se fait écrivain. Conscient de ses lacunes littéraires, il s'en excuse : « voyant que personne ne s'en est mis en devoir, je me suis résolu de faire la présente description, en attendant que quelque autre la fasse dans un plus beau style : car pour moi, je me suis contenté de vous décrire simplement les choses, sans y rechercher le beau langage ; mais bien de vous dire la vérité avec le plus de naïveté qu'il m'est possible, et le plus brièvement que faire se peut ; omettant tout ce que je crois être superflu, et ce qui ne servirait qu'à embellir le discours. »

En 1663, il s'embarque pour la France afin de compléter sa mission et voir à la publication de son traité. La première édition sortira en 1664, à Paris, des presses de l'imprimeur Florentin Lambert, avec *permission royale*. Le

Le roi Louis XIV en 1661 par Charles Lebrun
«J'eus l'honneur de parler au Roy, qui m'interrogea sur l'estat du Pays, dont je luy rendis un fidelle compte, et Sa Majesté me promit qu'elle secourrerait le pays et le prendrait sous sa protection ; ce qu'elle a fait». Raymond Douville, *Dictionnaire biographique du Canada*.
Source : Wikipedia.

Jean-Baptiste Colbert en 1655 par Philippe de Champagne
C'est Colbert qui a demandé à Pierre Boucher de lui faire un rapport de l'état de la colonie. Il est donc à l'origine du livre de Pierre Boucher.
Metropolitan Museum of Art. fr.wikipédia.org.

L'intendant Jean Talon par Albert Ferland
« Le plus heureux effet de ce petit ouvrage fut l'envoi des troupes du régiment de Carignan et la venue du marquis Prouville de Tracy et de l'intendant Talon. Enfin la France prenait au sérieux le sort de sa lointaine colonie. » Raymond Douville, *Dictionnaire biographique du Canada*.
Source : BANQ, centre d'archives de Montréal, MSS004/019/136.

livre sera intitulé : *Histoire Véritable et Naturelle des mœurs et productions du pays de la Nouvelle-France, vulgairement dite le Canada.* Il est dédicacé à Monseigneur Colbert, le « ministre » du jeune roi Louis XIV.

La réussite de sa mission aura des conséquences considérables sur l'avenir de la Nouvelle-France. Dès 1663, Louis XIV prend le contrôle de sa colonie en la libérant de la Compagnie des Cent-Associés qui freinait sa colonisation. Il crée un Conseil souverain pour assumer les responsabilités de son nouveau gouvernement royal.

Il envoie un premier contingent de 36 « Filles du Roi ». En dix ans, plus de 770 d'entre elles arrivent et contribuent à tripler la population. Un poste d'intendant est également créé pour gérer les affaires civiles de la colonie. En 1665, l'intendant Jean Talon arrive et encourage une politique de colonisation sans précédent. Il est accompagné du régiment de Carignan-Salières venu pour combattre les Iroquois et assurer la paix.

Malgré sa grande notoriété dans l'exercice de ses charges publiques, il rêve d'un tout autre mode de vie. Dès 1667, il quitte sa fonction de gouverneur des Trois-Rivières. Il reçoit en concession la seigneurie des îles Percées, en aval de Ville-Marie (Montréal). Elle deviendra l'une des plus prospères et des plus belles de la colonie. On assiste alors à la naissance de Boucherville.

REMERCIEMENTS

Je remercie la Commission franco-québécoise sur les lieux de mémoire communs pour leur initiative et leur participation à la publication de cette version en français moderne. Je remercie tout particulièrement monsieur Denis Racine, coprésident de la section québécoise pour sa préface, si bien documentée. Monsieur Marcel Fournier, président du comité de commémoration, généalogie, toponymie, mérite toute ma gratitude. Il m'a soutenu tout au long de mon travail et s'est avéré un guide très apprécié.

Des remerciements très sincères vont à monsieur Normand Robert et madame Hélène Lafortune, de la Société Archiv-Histo. Ils m'ont grandement encouragé et aidé par leurs commentaires très pertinents, en tant que premiers lecteurs et correcteurs. Un grand merci à madame Huguette Aubin pour sa collaboration et sa participation à la correction des textes.

Enfin, mes remerciements vont à madame Sophie Imbeault, directrice de l'édition chez Septentrion, pour avoir accepté avec enthousiasme de publier cet ouvrage dans leur collection.

Pierre Benoit

Bibliotheca Colbertina. /.

HISTOIRE
VÉRITABLE
ET
NATURELLE[1]

des mœurs et productions du pays de la Nouvelle -France, vulgairement dite

LE CANADA.

composée par Pierre Boucher, écuyer sieur de Gros-bois, et gouverneur des Trois-Rivières. audit lieu de la Nouvelle-France.

à Paris,

Chez Florentin Lambert, rue

Saint-Jacques, vis-à-vis Saint-Yves, à l'image Saint-Paul.

M. DC. LXIV.

avec permission.

1. Page-titre suivie de l'Épître à Monseigneur Colbert. Notez qu'elle porte le nom de l'auteur contrairement à plusieurs autres variantes de l'édition originale.

A MONSEIGNEUR.[1]

COLBERT, CONSEILLER

du Roi en tous ses Conseils, intendant des finances, et surintendant des bâtimens de Sa Majesté, baron de Seignelay, Etc.

M*ONSEIGNEUR,*

Ayant fait une histoire naturelle succinte

ã ij

1. Dédicace à Colbert. Ce dernier avait demandé à Pierre Boucher un rapport sur l'état de la Nouvelle-France, avant son retour à l'automne 1662. Épître signée le 8 octobre 1663.

mais véritable, de la Nouvelle-France, qui est arrosée du grand fleuve St-Laurent, et des lacs et rivières qui s'y vont rendre ; j'ai cru que cet ouvrage vous était dû, Dieu vous ayant donné pour ce pays un amour particulier, qui sans doute ira croissant, lorsque vous aurez été plus amplement informé de la bonté et de la beauté de toutes nos contrées. C'est le sentiment commun de tous ceux qui vous connaissent, que l'unique chose qui ait pouvoir sur votre esprit, est de vous faire bien connaître, qu'il y va de la gloire du roi, et des intérêts de la France ; et qu'ensuite l'on peut tout se promettre de vos soins et de votre crédit. Cela étant, j'ai cru, MONSEIGNEUR, *que ce récit pourrait contribuer quelque chose aux inclinations que vous avez déjà,*

ã iij

de faire fleurir notre Nouvelle-France, et d'en faire un monde nouveau : lorsque vous verrez, dans la simplicité de mon style, qui est sans artifice, que vraiment elle mérite d'être peuplée, et qu'elle peut aisément recevoir les décharges de l'ancienne France ; qui est si abondante en hommes, que les royaumes et les colonies étrangères s'en peuplent de jour en jour. Ne vaut-il pas mieux que le roi conserve ses sujets, les faisant passer dans la Nouvelle-France, et que le nom français soit également florissant en l'un et en l'autre monde, dans l'Amérique et dans l'Europe. J'aurais sujet de craindre que cet ouvrage ne fut pas bien reçu de ceux qui recherchent les ornements de notre langue, si je ne me resouvenais qu'ayant eu l'honneur l'année dernière de parler

ã iiij

à Sa Majesté, et de lui répondre à plusieurs questions qu'il me faisait sur le pays de la Nouvelle-France; tant s'en faut qu'il se rebutât de mes réponses simples et naïves, qu'au contraire il eut la bonté d'en témoigner de l'agrément; j'ai cru, MONSEIGNEUR, *que vous n'auriez, pas moins de bonté pour moi, et que recevant ce petit présent, que je vous offre d'un grand cœur, vous le protégerez, et vous me permettrez de me dire,*

MONSEIGNEUR,

De la ville des Trois-Rivières, en la Nouvelle-France, le 8 Octobre 1663.

Votre très humble et
très obéissant serviteur,
Pierre Boucher

ã v

AVANT-PROPOS.

MON cher lecteur, vous saurez que deux raisons m'ont porté à faire ce petit traité. La première est, que j'y ai été engagé par quantité d'honnêtes gens ; que j'ai eu l'honneur d'entretenir pendant que j'ai été en France[1], et qui ont pris un grand plaisir

1. Voyage en France de 1661 à 1662, où il eut des entretiens privilégiés avec le roi Louis XIV et Colbert.

d'entendre parler de ce pays-ci, et de se voir désabusé de quantité de mauvaises opinions qu'ils en avaient conçues : ensuite de quoi ils m'ont prié de leur envoyer une petite Relation du pays de la Nouvelle-France, c'est-à-dire ce qu'est ce pays, et ce qui s'y trouve, afin de le faire savoir à leurs amis. Le nombre de ceux qui m'en ont prié étant grand, je n'aurais pu que malaisément y satisfaire ; c'est pourquoi je me suis résolu de faire imprimer la présente description, et les prier d'y avoir recours.

La seconde raison, c'est qu'ayant vu l'affection que Sa Majesté témoignait avoir pour sa Nouvelle-France, et sa résolution qu'elle[1] a prise de détruire les Iroquois nos ennemis, et de peupler ce pays-ci; j'ai pensé que j'obligerais beaucoup de monde, de ceux qui auraient quelques desseins d'y venir, ou d'y faire venir quelques-uns de leurs alliés, de leur pouvoir

---

1. Sa Majesté... *qu'il a prise* est une faute, dans l'original.

faire connaître le pays avant que d'y venir.

Il y a longtemps que j'avais cette pensée, et j'attendais toujours que quelqu'un mît la main à la plume pour cet effet : mais voyant que personne ne s'en est mis en devoir, je me suis résolu de faire la présente description, en attendant que quelqu'autre la fasse dans un plus beau style : car pour moi, je me suis contenté de vous décrire simplement les choses, sans y rechercher le beau langage; mais bien de vous dire la vérité avec le plus de naïveté qu'il m'est possible, et le plus brièvement que faire se peut; omettant tout ce que je crois être superflu, et ce qui ne servirait qu'à embellir le discours.

Je ne vous dirai quasi rien qui n'ait déjà été dit par ci-devant, et que vous ne puissiez trouver dans les Relations des RR. PP. jésuites, ou dans les voyages du sieur de Champlain: mais comme cela n'est pas ramassé dans un seul livre, et qu'il faudrait lire toutes les Relations, pour trouver ce que j'ai mis ici; cela vous sera une facilité, surtout pour ceux qui n'ont autre dessein que de connaître ce que c'est du pays de la Nouvelle-France, et qui ne se mettent pas en peine de ce qui s'y est passé, ni de ce qui s'y passe. C'est la raison pour laquelle je n'en parlerai point, quoiqu'il y ait eu quelque chose cette année de bien extraordinaire, dont je n'avais rien vu de semblable, depuis environ trente ans qu'il y a que je suis dans ce pays-ci ; qui est un trembleterre[1] qui a duré plus de sept mois, surtout vers Tadoussac, où il s'est fait sentir extraordinairement ; il s'est fait là des remuements admirables. Nous en avons eu dans les commencements des atteintes aux Trois-Rivières, et même jusqu'au Mont-Royal. Mais ce qui est de plus aimable en tous ces boule-

1. Tremblement de terre.

versements et ces secousses épouvantables c'est que Dieu nous a tellement conservé, que pas une seule personne n'en a reçu la moindre incommodité. Je n'en dirai pas davantage, les pères jésuites en font la description, avec tous les effets qu'il a produits, dans leur Relation, que vous pourrez voir avec bien plus de plaisir, le tout y étant mieux décrit que je ne le pourrais pas faire. Vous verrez ci-après les avantages que l'on peut tirer de ces pays pour le temporel, je veux dire pour les biens de la terre.

Pour le spirituel, l'on ne peut rien désirer de plus. Nous avons un évêque dont le zèle et la vertu sont au-delà de ce que j'en puis dire : il est tout à tous, il se fait pauvre pour enrichir les pauvres, et ressemble aux évêques de la primitive Église. Il est assisté de plusieurs prêtres séculiers, gens de grande vertu car il n'en peut souffrir d'autres. Les pères jésuites secondent ses desseins, travaillant dans leur zèle ordinaire infatigablement pour le salut des Français et des Sauvages.

En un mot, les gens de bien peuvent vivre ici bien contents ; mais non pas les méchants, vu qu'ils y sont éclairés de trop près : c'est pourquoi je ne leur conseille pas d'y venir ; car ils pourraient bien en être chassés, et du moins être obligés de s'en retirer, comme plusieurs ont déjà fait : et ce sont ceux-là proprement qui décrient fort le pays, n'y ayant pas rencontré ce qu'ils pensaient.

Je ne doute pas que ces gens-là, qui ont été le rebut de la Nouvelle-France, quand ils entendront lire cette mienne description, ne disent que j'ajoute à la vérité: et peut-être encore quelques autres personnes diront de même, non pas par malice, mais par ignorance: je vous assure, mon cher lecteur, que j'ai vu la plus grande partie de tout ce que je dis, et le reste je le sais par des personnes très dignes de foi.

Je sais bien que vous trouverez d'autres fautes, et quantité même contre l'ordre de la narration; mais je crois que vous me les pardonnerez bien volontiers, quand vous considérerez que ce n'est pas mon métier de composer; que d'ailleurs je n'ai fait ce petit abrégé de la Nouvelle-France, que pour obliger diverses personnes, en attendant que quelque meilleure plume le fasse plus exactement et dans un plus beau style ; c'est en partie pour cela que j'ai omis quantité de belles choses dignes d'un lecteur curieux, et n'ai cherché qu'à être le plus bref qu'il m'a été possible, et cependant donner à connaître ce qui est absolument nécessaire.

HISTOIRE
NATURELLE
DU
CANADA.

De la Nouvelle-France en général.

CHAPITRE PREMIER[1].

PARLANT DE LA Nouvelle-France en général, je peux dire que c'est un bon pays, et qui contient en soi une bonne partie de ce que l'on peut dési-

A[2]

1. Le numéro du premier chapitre est inscrit en lettres, comme celui du second tandis que tous les autres chapitres sont désignés par un chiffre romain. C'est le premier de 15 chapitres.
2. Le livre est divisé en sept fascicules (A-G). La lettre A désigne donc le début du premier fascicule.

rer. La terre y est très bonne, et produit à merveille, et n'est point ingrate; Nous en avons l'expérience. Le pays est couvert de très belles et épaisses forêts, lesquelles sont peuplées de quantité d'animaux, et de diverses espèces; et ce qui est encore plus considérable, c'est que les dites forêts sont entrecoupées de grandes et petites rivières de très bonnes eaux, avec quantité de sources et belles fontaines; de grands et petits lacs, bordés aussi bien que les rivières de belles et grandes prairies, qui produisent d'aussi bonnes herbes qu'en France: Dans ces lacs et rivières, il s'y trouve grand nombre de toutes sortes de poissons, très bons et délicats; Il s'y rencontre aussi grande quantité de gibier de rivière: le pays est fort sain; les animaux qu'on amène de France se nourrissent fort bien ; on y voit plusieurs plantes rares qui ne se trouvent point en France ; il y a peu de plantes qui sont nuisibles à l'homme ; et au contraire, il y a beaucoup de simples qui ont des effets merveilleux. Il y a aussi peu d'animaux malfaisants : on a découvert des fontaines d'eau salée[1], dont l'on peut tirer de très bon sel, et d'autres qui sont minérales. Il y en a une au pays des Iroquois, qui jette une eau grasse, qui est comme de l'huile[2], et dont on se sert en beaucoup de choses au lieu de l'huile. Il y a aussi plusieurs mines, à ce que l'on dit : ce dont je suis assuré, c'est qu'il y en a de fer et de cuivre[3] en plusieurs endroits ; diverses personnes dignes de foi m'ont assuré qu'il y en a une de plomb[4] fort

A ij

1. Sources d'eaux minérales.
2. Suintement de filets de pétrole à la surface.
3. Minérais de fer : ocre et limonite (Forges du Saint-Maurice) ; minérais de cuivre natif (lac Supérieur) ; de cuivre et de fer : chalcopyrite (Gaspé).
4. Minérai de plomb : galène (lac Supérieur).

abondante, et qui n'est pas bien loin de nous : mais comme c'est sur le chemin par où passent nos ennemis, on n'a encore osé y aller pour en faire la découverte : Les climats y sont différents selon les lieux ; mais je puis toujours dire en gros, qu'aux lieux les plus froids, l'hiver y est plus gai qu'en France. Je donnerai une plus parfaite connaissance, quand je traiterai de chaque chose en particulier, comme j'espère faire pour la satisfaction du lecteur.

La Nouvelle-France est un très grand pays, qui est coupé en deux par un grand fleuve nommé le fleuve Saint-Laurent : son embouchure commence à Gaspé, et a cinquante lieues de large : pour sa longueur, nous n'en savons autre chose, sinon qu'il prend son origine du lac des Hurons, autrement appelé la Mer-Douce, que l'on tient avoir environ trois cents lieues de contour ; de sorte qu'il se trouve que depuis Gaspé jusqu'audit lac, il y a près de cinq cents lieues, par le circuit qu'elle fait.

Dans cedit lac ou Mer-Douce, se décharge un autre lac appelé le lac Supérieur, lequel ne lui cède guère, selon le rapport qui nous en a été fait par les Sauvages de ces pays-là, et même par des Français qui en sont venus depuis peu.

Tout ce grand pays nous demeure inconnu, à cause de la guerre des Iroquois qui nous empêchent d'en faire la découverte, comme il serait souhaitable.

Il est vrai que ce pays de la Nouvelle-France a quelque chose d'affreux à son abord : car à voir

A iij

l'île de Terre-Neuve, où est Plaisance, les îles Saint-Pierre[1], le Cap de Baie[2], l'île Saint-Paul, et les au tres terres de l'entrée du golfe, tout cela donne plus d'effroi et d'envie de s'en éloigner, que de désir d'y vouloir habiter ; c'est pourquoi je ne m'étonne pas si ce pays a demeuré si longtemps sans être habité. Je trouve, après tout considéré, qu'il ne lui manque que des habitants. C'est la raison qui m'a obligé à faire ce petit traité, pour informer avec vérité tous ceux qui auraient de l'incli nation pour le pays de la Nouvelle-France, et qui auraient quelques volontés de s'y venir habiter, et pour ôter la mauvaise opinion que le vulgaire en a, et que mal-à-propos on menace d'en voyer les garnements au Canada[3] comme par punition ; vous assu-

---

1. Aujourd'hui Saint-Pierre et Miquelon.
2. Nommé cap de Raze par Jacques Cartier (ayant le sens de cap dénudé), cap de Raye par Champlain et aujourd'hui cap Race.
3. En Canadas dans le texte original.

rant que tout au contraire, il y a peu de personnes de ceux qui y sont venus, qui aient aucun dessein de retourner en France, si des affaires de grande importance ne les y appellent ; et je vous dirai sans déguisement, que pendant mon séjour à Paris et ailleurs l'année précédente, j'ai fait rencontre de plusieurs personnes assez à leur aise, qui avaient été par ci-devant habitants de notre Canada, et qui s'en étaient retirés à cause de la guerre, lesquels m'ont assuré qu'ils étaient dans une grande impatience d'y revenir : tant il est vrai que la Nouvelle-France a quelque chose d'attrayant pour ceux qui en savent goûter les douceurs.

Pour vous rendre la suite de ce traité plus intelligible, je vous dirai la distance qui se trouve de

A iiij

lieux à autres qui sont habités, ou qui sont remarquables pour leur havres, ou pour autres choses.

Nous laisserons[1] donc toute l'entrée du Golfe, dont j'ai parlé cidessus, comme d'un pays qui ne vaut pas la peine qu'on en écrive rien; Nous dirons seulement que depuis l'île Percée jusqu'à Gaspé, il y a sept lieues, de Gaspé à Tadoussac quatre-vingt-trois lieues; de Tadoussac jusqu'à Québec, trente lieues; de Québec jusqu'aux Trois-Rivières trente lieues, des Trois-Rivières au Mont-Royal trente lieues, des Trois-Rivières jusqu'aux Iroquois d'en-bas, nommés Anieronnons[2], qui sont proches de la Nouvelle-Hollande[3], il y a environ quatre-vingt lieues; du Mont-Royal jusqu'aux Iroquois du Milieu, nom-

---

1. Dans l'édition originale, Pierre Boucher a écrit *lairons* qui est, au futur simple, la permière personne du pluriel du verbe laisser.
2. La nation des Agniers, Mohawks en anglais.
3. Devenue New York.

més Onnontagueronnons[1], il y a pareillement environ quatre-vingt lieues : du Mont-Royal jusqu'au pays où demeuraient autrefois les Hurons, il y a deux cents lieues : tout ce grand fleuve et ces grands lacs sont remplis de belles îles de toute sorte de grandeurs.

La Grande Rivière vient du couchant au levant. L'eau en est salée jusqu'au Cap-Tourmente, qui est sept lieues au-dessous de Québec ; l'on compte de Québec sur le grand Banc de Terre-Neuve, où l'on va pêcher les morues, trois cents lieues.

Aux environs de l'île Percée, il se trouve grand nombre d'huitres en écailles, qui sont parfaite ment bonnes. Il y a aussi en ces quartiers-là un coteau de charbon de terre ; il y a pareillement

A v

1. Aussi nommés Onondagués ou Onontagués.

un peu plus deçà une plâtrière[1] ; il me reste à vous dire par quelle hauteur[2] sont nos habitations, pour vous rendre le tout plus intelligible.

Vous saurez donc que Gaspé est par les quarante-neuf degrés et dix minutes ; Tadoussac par les quarante-huit degrés et un tiers ; Québec par les quarante-six et trois quarts ; les Trois-Rivières par les quarante-six ; Mont-Royal par les quarante-cinq ; les Iroquois du Milieu, où on avait habité ci-devant, nommés Onnontagueronnons, par les quarante-deux et un quart.

1. Gisement de gypse (sulfate de calcium hydraté).
2. Latitude.

Brève description de Québec, et de quelques-autres lieux.

CHAPITRE SECOND.

Comme je serai obligé dans la suite de mon discours de parler souvent de Québec, qui est la principale habitation[1] que nous ayons en la Nouvelle-France, et le lieu qui a été le premier habité par les Français; j'ai cru qu'il était à propos que j'en fisse dès le commencement une grossière description, afin de donner plus d'intelligence au lecteur.

Québec est donc la principale habitation où réside le gouverneur général de tout le pays, il y a une bonne forteresse et une bonne

A vj

1. Habitation fondée par Champlain en 1608.

garnison : comme aussi une belle église qui sert de paroisse, et qui est comme la cathédrale de tout le pays : le service s'y fait avec les mêmes cérémonies que dans les meilleures paroisses de France ; c'est aussi dans ce lieu que réside l'évêque. Il y a un collège de jésuites, un monastère d'Ursulines[1] qui instruisent toutes les petites filles, ce qui fait beaucoup de bien au pays ; aussi bien que le collège des Jésuites pour l'instruction de toute la jeunesse dans ce pays naissant. Il y a pareillement un couvent[2] d'Hospitalières, qui est un grand soulagement pour les pauvres malades. C'est dommage qu'elles n'aient davantage de revenus. Québec est situé sur le bord du grand fleuve Saint-Laurent, qui a environ une petite lieue de large en cet endroit-là et qui coule en-

1. Pierre Boucher les nomme Urselines.
2. Convent (conuent) dans le texte original.

tre deux grandes terres élevées; cette forteresse; les églises et les monastères, et les plus belles maisons, sont bâties sur le haut; plusieurs maisons et magasins sont bâtis au pied du coteau, sur le bord du grand fleuve, à l'occasion des navires qui viennent jusques-là; car c'est là le terme de la navigation pour les navires; l'on ne croit pas qu'ils puissent passer plus avant sans risque.

Une lieue au-dessous de Québec la rivière se sépare en deux, et forme une belle île, qu'on appelle l'île d'Orléans, qui a environ dix-huit lieues de tour, dans laquelle il y a plusieurs habitants: les terres y sont fort bonnes; il y a aussi quantité de prairies le long des bords.

Québec est bâti sur le roc; et en creusant les caves, on tire de la pierre de quoi faire les logis ; toutefois cette pierre n'est pas bien bonne, et elle ne prend pas le mortier : c'est une espèce de marbre noir ; mais à une lieue de là, soit au-dessus ou au-dessous, on en trouve qui est parfaitement bonne sur le bord dudit fleuve, qui se taille fort bien[1]. On trouve dans Québec de la pierre à chaux[2], et de la terre grasse[3] pour faire de la brique, pavé, tuile, et autres choses semblables ; quatre ou cinq cents pas au-dessous de la forteresse, la terre est coupée par une belle rivière, nommée la rivière Saint-Charles, qui a près d'une lieue de large en sa décharge dans la grande rivière, quand la marée est haute ; car de marée basse, elle est presque toute à sec, ce qui est une belle commodité pour bien prendre du poisson, qui est un bon ra-

---

1. Pierres de construction : calcaires et grès servent à cette fin (formation géologique de Québec).
2. Aux chutes Montmorency et à Neuville, on trouve des calcaires argileux ordoviciens du groupe Trenton, lesquels possèdent la proportion optimale de carbonate de calcium et d'argile pour la pierre à chaux.
3. Il s'agit de glaise.

fraîchissement aux habitants de ce lieu-là ; surtout, le printemps qu'il s'y pêche une infinité d'aloses. Au-dessous de cette rivière, le pays devient plat, et est habité jusque à sept lieues en bas ; les marées y sont parfaitement réglées, elles descendent sept heures, et montent cinq, et chaque fois retardent de trois quarts d'heure.

Québec est situé du côté du Nord, et est habité assez avant dans les terres, qui s'y sont trouvées bonnes : Il est habité aussi trois lieues en montant ; mais les terres n'y sont pas si bonnes : comme pareillement du côté du Sud, les terres quoique bonnes, y semblent un peu plus ingrates.

La pêche est abondante en tous ces quartiers-là de quantité de sortes de poissons, comme esturgeons, saumons, barbues, bars, aloses, et plusieurs autres : mais je ne puis omettre une pêche d'anguille qui se fait en automne, qui est si abondante, que cela est incroyable à ceux qui ne l'ont pas vu. Il y a tel homme qui en a pris plus de cinquante milliers pour sa part. Elles sont grosses et grandes, et d'un fort bon goût, meilleures qu'en France de beaucoup, on en sale pour toute l'année qui se conservent parfaitement bien, et sont d'une excellente nourriture pour les gens de travail.

La chasse n'est pas si abondante à présent proche de Québec, comme elle a été : le gibier s'est retiré à dix ou douze lieues de là. Il reste seulement des tourterelles ou des biseaux qui sont ici en abondance tous les étés, il s'en tue jusque dans les jardins de Québec ; et des autres habitations ; elles durent seulement quatre mois de l'année.

On y sème de toutes sortes de choses, tant dans les champs que dans les jardins, tout y venant fort bien, comme je dirai ci-après, nonobstant la longueur de l'hiver.

Puisque je suis tombé sur l'hiver, je dirai un petit mot en passant des saisons : on n'en compte proprement que deux, car nous passons tout d'un coup d'un grand froid à un grand chaud, et d'un grand chaud à un grand froid ; c'est pourquoi on ne parle que par hiver et été ; l'hiver commence incontinent après la Toussaint ; c'est-à-dire les gelées, et quelque temps après les neiges viennent, qui demeurent sur la terre jusqu'à environ le quinzième d'avril pour l'ordinaire : car quelquefois elles sont fondues plus tôt, quelquefois aussi plus tard; mais d'ordinaire, c'est dans le seizième que la terre se trouve libre et en état de pousser les plantes et d'être labourée.

Dès le commencement de mai, les chaleurs sont extrêmement grandes, et on ne dirait pas que nous sortons d'un grand hiver: cela fait que tout avance, et que l'on voit en moins de rien la terre parée d'un beau vert: et en effet, cela est admirable, de voir que le blé qu'on sème dans la fin d'avril, et jusqu'au vingtième de mai, s'y recueille dans le mois de septembre, et est parfaitement beau et bon: et ainsi toutes les autres choses avancent à proportion; car nous voyons que les choux pommés, qui se sèment ici au commencement de mai, se replantent dans le vingt ou vingt-quatrième de juin se recueillent à la fin d'octobre, et ont des pommes qui pèsent de quinze à seize livres.

Pour l'hiver, quoiqu'il dure cinq mois, et que la terre y soit couverte de neiges, et que pendant ce temps le froid y soit un peu âpre, il n'est pas toutefois désagréable : c'est un froid qui est gai, et la plupart du temps ce sont des jours beaux et sereins, et on ne s'en trouve aucunement incommodé : on se promène partout sur les neiges, par le moyen de certaines chaussures faites par les Sauvages, qu'on appelle raquettes, qui sont fort commodes. En vérité, les neiges sont ici moins importunes, que ne sont les boues en France.

Les saisons ne sont pas égales

par tout le pays : aux Trois-Rivières il y a près d'un mois moins d'hiver : au Mont-Royal environ six semaines, et chez les Iroquois il n'y a qu'environ un mois d'hiver. Québec, quoique moins favorable pour les saisons et pour l'aspect du lieu qui n'a pas tant d'agrément, a toutefois un très grand avantage à cause du nombre d'habitants, et qu'il est l'abord des navires qui viennent de France.

Tadoussac, est un lieu où les navires abordaient autrefois, et où ils faisaient leurs décharges avant qu'on osât les faire monter jusqu'à Québec : tout ce qu'il y a de considérable, c'est une belle anse en cul-de-sac, où les navires sont bien à l'abri, l'anse y étant profonde et de bon ancrage.

Il y a une belle rivière nommée le Saguenay, qui passe tout à travers : on y a fait bâtir une chapelle, un magasin, et une petite forteresse, à l'occasion de plusieurs Sauvages qui y passent l'été : mais il n'y a personne qui y habite, le pays n'étant pas propre, tant pour les terres que pour la saison, quoique la pêche y soit fort bonne.

Mais disons un mot de l'habitation des Trois-Rivières : c'est un fort beau pays à voir, un pays plat, point montagneux, qui a de fort beaux bois : plusieurs rivières et lacs entrecoupent ses terres, qui sont toutes bordées de belles prairies ; ce qui fait qu'il y a quantité d'animaux, et surtout des élans, caribous, et castors, et un très grand nombre de gibier et de poisson.

Les terres que l'on a commencé à déserter[1] sont sablonneuses, mais qui ne laissent pas de produire à merveille, étant un sable gras au-dessus. On s'est bâti seulement du côté du Nord.

Il y a comme deux habitations séparées par une grosse rivière, on l'appelle les Trois-Rivières, à cause qu'étant entrecoupée par des îles, elle fait comme trois rivières en ce lieu-là, qui vient de dedans les terres du côté du Nord.

Mont-Royal[2], qui est la dernière de nos habitations françaises, est plus avancée dans les terres. Elle est située dans une belle grande île nommée l'île du Mont-Royal[3], les terres y sont fort bonnes. C'est une terre noire ou pierreuse, qui produit du grain en abondance : tout y vient parfaitement bien ; mais surtout les melons et les oignons :

---

1. Défricher.
2. Montréal.
3. Montréal.

la pêche et la chasse y sont très bonnes, tout le pays d'alentour est parfaitement beau, et tant plus l'on monte en haut[1] du côté des Iroquois, plus le pays y est agréable; c'est un pays plat, une forêt où les arbres sont gros et hauts extraordinairement: ce qui montre la bonté de la terre, ils y sont clairs et point embarrassés de petit bois: ce serait un pays tout propre à courir le cerf, dont il y a abondance, s'il y avait en ce pays des habitants qui eussent des chevaux pour cela, et que l'Iroquois eût été un peu humilié, ou pour mieux dire dompté: la plupart de ces arbres sont des chênes.

Mais ne nous amusons pas si longtemps sur les chemins, et entrons tout d'un coup dans le grand Lac des Iroquois[2] après avoir passé au travers de plus de deux cents

---

1. En remontant le Saint-Laurent jusqu'au lac Ontario.
2. Lac Ontario.

îles[1] qui sont à l'entrée dont les deux tiers ne sont que prairies, et l'autre tiers, des rochers en pain de sucre. Laissons à droite et à gauche, et dans les îles, un grand nombre de bêtes qu'on y rencontre, qui sont quelquefois plus de cinq cents, toutes d'une bande.

Ce pays des Iroquois dont je veux parler, et qui est sur le bord de notre grand fleuve, puisqu'il passe au travers de leur grand Lac, est un fort bon pays et bien agréable: la terre en est parfaitement bonne, et la meilleure que l'on puisse rencontrer; ainsi qu'on peut juger par les arbres. Il ne s'y rencontre quasi point de sapinières, mais au contraire rien que beaux bois, qui sont chênes, châtaigniers, noyers, hêtres, bois blancs, mûriers, et quantité d'autres beaux arbres dont nous n'avons point

1. Les Mille-îles en Ontario.

point de connaissance en ces quartiers, ce qui est cause que je n'en sais point les noms ; les arbres fruitiers sont plus en abondance. Comme aussi la chasse des bêtes fauves, et du gibier. Il y a plusieurs fontaines d'eau salée, dont l'on fait de très beau et bon sel. La quantité des prairies est admirable : et les quatre saisons y sont comme en France, sinon que l'hiver n'y est pas si long ; la pêche y est abondante, surtout de saumon, esturgeon, barbue, et anguille dont il y a des quantités prodigieuses : tous ces grands pays-là sont de même.

Je ne parlerai point du pays des Hurons, puisqu'il est abandonné, tant des Français que des Sauvages, qui ont été obligés de le quitter, à cause des Iroquois : le pays est très beau et bon, presque tout

B

déserté[1] comme en France, situé sur le bord du grand Lac, qui a trois cents lieues de circuit, et qui est rempli d'un nombre infini d'îles de toutes façons, beau bois, bonne terre, abondance de chasse et de pêche en toute saison, l'hiver y dure quatre mois. J'y ai vu une pêche qui est fort agréable, qui se fait aussi bien l'hiver sous les glaces, que pendant l'été; c'est celle du hareng dont il y a abondance. Ce qui est encore de beau à voir en ce pays-là, ce sont plusieurs petits lacs d'une lieue et de deux lieues de tour, qui se voient au milieu de ces terres défrichées, bordées de prairies tout à l'entour, et ensuite d'un petit bois, d'où sortent quantité de cerfs qui viennent paître; de sorte qu'allant à l'affût, on ne peut manquer de faire coup; et à la saison vous

1. Défriché. Pierre Boucher oublie que ce coin de pays est abandonné depuis un long moment et donc laissé en friche.

les voyez tous chargés de gibier de rivière. Les coqs d'Inde et autres oiseaux se trouvent dans les champs. Mais je ne veux et je ne puis pas faire la description de tous les beaux lieux de ces pays-là, ni des commodités qui s'y rencontrent, et être bref comme je prétends.

Description des terres dont nous avons connaissance.

Chapitre III

Je crois qu'il n'est pas hors de propos de vous faire ici une petite description des terres dont nous avons connaissance, comme elles sont différentes en divers lieux, soit pour la forme, la bonté et la nature de la terre.

B ij

Je ne vous parlerai point des premières qu'on rencontre venant de France, puisqu'elles ne valent pas la peine que l'on en parle, en comparaison des autres: à proprement parler, ce ne sont pas des terres, mais de grands rochers horribles à voir.

Depuis l'île Percée, qui est l'embouchure du fleuve, jusque vis-à-vis de Tadoussac du côté du Sud, que les navires fréquentent quand ils montent à Québec, toutes les terres paraissent hautes, et la plupart de grandes montagnes: c'est ce qui a donné le nom aux Monts Notre-Dame, qui tiennent une partie de ce chemin-là; et l'on dit qu'ils ne sont quasi jamais découverts de neige, et par conséquent inhabitables: ce n'est pas qu'il n'y ait entre les dites montagnes et le bord du grand fleuve, quatre, cinq, et quelquefois huit lieues de plat pays, et que tout ce pays ne soit coupé d'espace en espace par de belles rivières. Je le juge toutefois fort malpropre pour être habité, sinon Gaspé que j'estime fort propre à faire une habitation; c'est une baie qui entre dans les terres assez avant, et qui fait un bassin propre à mettre des navires à l'abri.

Dans le fond de la baie, les terres paraissent fort propres à habiter. D'ailleurs, il y a grande pêche de morue en ces quartiers-là.

Il y a aussi trois autres beaux havres, dix ou douze lieues au-dessous; savoir l'île Percée, Bonaventure, et Miscou, où toutes les années des navires vont à la pêche de la morue en tous ces havres. Ce serait un lieu très propre pour avoir correspondance avec

B iij

Québec, puisqu'on y va facilement avec des barques et des chaloupes.

Là au droit[1] se voit l'île d'Anticosti, dont je ne vous parlerai pas n'y ayant point été, seulement ai-je ouï dire que c'était une fort belle terre, aussi bien que la côte du Nord, depuis Tadoussac descendant en bas, dans laquelle on rencontre quantité de belles rivières, bien profondes et grandement poissonneuses; mais surtout, abondantes en saumons; il y en a des quantités prodigieuses, selon le rapport que m'en ont fait ceux qui y ont été.

Depuis Tadoussac jusqu'à sept lieues proche de Québec, que l'on nomme le Cap-Tourmente, le pays est tout à fait inhabitable, étant trop haut, et tout de roche, et tout à fait escarpé. Je n'y ai re-

1. À angle droit.

marqué qu'un seul endroit, qui est la baie Saint-Paul, environ sur la moitié du chemin, et vis-à-vis l'île aux Coudres, qui paraît fort belle lorsqu'on y passe, aussi bien que toutes les îles qui se trouvent depuis Tadoussac jusqu'à Québec, lesquelles sont toutes propres à être habitées. Je n'en fais point de description en particulier, n'ayant dessein que de vous donner une brève connaissance de tout le pays, et de quelques lieux principaux.

La côte du Sud depuis Tadoussac jusqu'à Québec est fort belle, et une terre plus basse et qui paraît par les arbres dont elle est chargée, être fort bonne. Il y a plusieurs belles rivières toutes remplies de poissons et de gibier dans la saison : il se trouve de belles prairies le long de la côte, ce

B iiij

qui fait qu'il y a quantité de bêtes fauves.

Depuis Québec jusqu'aux Trois-Rivières du même côté du Sud, les terres sont assez belles, et il y a d'assez beau bois; mais elles sont élevées jusqu'à six ou sept lieues au-dessous des Trois-Rivières, où elles commencent à être basses, belles, unies : et cela continue jusque dans le pays des Iroquois. Ces terres sont parfaitement bonnes, entrecoupées de rivières, garnies de lacs par endroits. Quantité de prairies se rencontrent non seulement le long du fleuve, à l'entour des lacs dans ces petites rivières, mais encore dans les terres : ce qui fait que la chasse y est abondante, tant d'oiseaux que d'animaux.

Du côté du Nord depuis le Cap-Tourmente, qui est sept lieues plus bas que Québec, jusqu'au Cap-Rouge, qui est trois lieues au-dessus ; cela est habité le long du grand fleuve : depuis le Cap-Rouge jusqu'à la rivière Sainte-Anne, qui font environ dix-sept lieues de pays en montant, les terres y sont assez belles ; mais l'abord n'en est pas si agréable, à cause que la plupart de la côte est pierreuse. Il ne laisse pas de s'y trouver de belles rivières, et des prairies par endroits. Depuis la rivière Sainte-Anne[1] jusqu'aux Trois-Rivières, qui contient environ dix lieues de pays, les terres y sont très belles et basses ; le bordage le long du grand fleuve est de sable ou prairies ; les forêts y sont très belles et bien aisées à défricher.

Depuis Québec jusqu'aux Trois-Rivières, il n'y a point d'îles, sinon deux petites d'environ une

B v

1. Le territoire de la rivière Sainte-Anne est devenu plus tard la seigneurie Sainte-Anne-de-la-Pérade.

lieue de tour chacune, et qui sont proches de la terre ferme du côté du Nord; elles se nomment l'île Sainte-Anne, et l'île Saint-Eloi.

Depuis les Trois-Rivières jusqu'au Mont-Royal, il y en a quantité et de fort belles, et la plupart n'ont pas encore de nom; quelques-unes des principales s'appellent l'île Saint-Ignace[1], auprès de laquelle il y en a près d'une vingtaine, que l'on appelle les îles de Richelieu. Je ne dirai rien de leurs beautés, ni de la grande chasse et pêche qui s'y rencontre; je serais trop long si à tous les endroits j'en voulais faire une déduction; je me contenterai seulement de dire que les prairies sont abondantes.

Il croît dans les bois une quantité prodigieuse d'orties propres à faire du chanvre; les Sauvages,

1. Île Saint-Ignace: une des grandes îles du lac Saint-Pierre, face à l'embouchure de la rivière Richelieu. Ici, l'expression de Boucher, *quelques-unes des principales s'appellent l'île Saint-Ignace* est erronée.

Hurons et Iroquois s'en servent pour faire divers ouvrages, comme des sacs, rets, colliers et armures ; il s'en trouve grande quantité en beaucoup d'endroits de ce pays-ci.

Ensuite se voit d'autres îles, qu'on nomme les îles Bouchard[1] ; plus haut sont les îles Saint-Jean, ensuite les îles Percées[2], l'île de Sainte-Thérèse, l'île Saint-Paul[3], et plusieurs autres qui n'ont point encore de nom, toutes très belles et bien commodes pour être habitées, et qui d'ailleurs sont abondantes en chasse, pêche, et prairies.

Suivant la côte du Nord, le pays est très beau, et tout le long du fleuve ce sont des prairies ; beaucoup de petites rivières arrosent ces terres.

La rivière des Prairies est une grande rivière qui se joint au fleuve

B vj

1. Nommées en l'honneur d'Étienne Bouchard, médecin établi à Montréal en 1653.
2. Îles en face de Boucherville.
3. Aujourd'hui île des Sœurs.

Saint-Laurent six lieues au-dessous de l'habitation de Mont-Royal, vingt-quatre lieues au-dessus des Trois-Rivières ; l'on prend cette rivière pour aller au pays des Hurons, quoique le chemin en soit beaucoup plus long et plus malaisé que l'autre, pour éviter les Iroquois qui habitent sur le bord du grand lac qu'on appelle le lac des Iroquois, par où passe cette grande rivière.

Je ne ferai point la description des terres qui se rencontrent des deux côtés de cette rivière qui tire au Nord, vu qu'il est malaisé d'y pouvoir habiter à cause des sauts ou cascades d'eaux qui s'y rencontrent, qui empêchent la rivière d'être navigable à d'autres bâtimens qu'aux petits vaisseaux dont se servent nos Sauvages, qui peuvent être transportés d'un lieu à un autre, sans autre machine que les épaules d'un homme, ou de deux au plus. C'est bien dommage ; car il y a de très beaux pays, et qui mériteraient bien d'être habités : mais surtout, un endroit appelé la petite Nation[1], qui est environ vingt ou trente lieues au-dessus du Mont-Royal, et qui contient presque vingt lieues de pays le long du fleuve, le plus beau qui se puisse voir pour un pays non habité ; car les Iroquois en ont chassé les Sauvages qui y habitaient. C'est un beau bois rempli de petits lacs et de prairies, avec un fort grand nombre de petites rivières : tout cela si plein de chasse et de pêche, qu'il n'est pas croyable : mais ce qui est le plus admirable, c'est le grand nombre de bêtes fauves qui s'y rencontre ; car je sais qu'il y a eu de nos

1. Montebello sur la rivière Outaouais. Territoire autrefois occupé par les Sauvages de la Petite Nation et devenue, en 1674, la seigneurie de la Petite Nation.

Français qui en descendant des Hurons, ont fait rencontre de bandes de ces animaux, qu'on appelle ici vaches sauvages, qui sont proprement de grands cerfs, où ils estimaient qu'il y en avait bien huit à neuf cents, sans parler des vrais cerfs, des ours, élans, castors, loutres, rats musqués, et plusieurs autres sortes d'animaux : mais la porte en est fermée, par un grand saut qui a pour le moins trois lieues de long : quand je dis fermée, c'est pour le présent ; car quand le pays sera habité, et que les Iroquois seront soumis, on trouvera bien l'invention de s'en rendre l'entrée facile : et puis on ne manque pas de beaux lieux à habiter, qui ne peuvent pas être occupés d'ici à bien longtemps. Et voilà, ça me semble assez pour connaître le pays ; disons seulement un petit mot du terroir: il s'y trouve de la terre glaise[1] par endroits. La terre est noire[2], sablonneuse[3], rouge, pierreuse[4] en d'autres endroits; mais toutes sont assez fertiles: et pour preuve de cela, je ferai le chapitre suivant des arbres qu'elle produit.

Des Arbres qui croissent dans la Nouvelle-France.

CHAPITRE IV.

Je vois bien que le lecteur curieux demande déjà quelles sortes d'arbres croissent dans ces grandes forêts, et si ce sont toujours les mêmes partout; à quoi sont-ils bons? Peut-on s'en servir à quelque chose? Sont-ils gros?

1. Argile marine déposée au large dans la mer de Champlain, après la fonte du glacier continental.
2. Tourbes très riches en matières organiques.
3. Dépôts de sable marin des rivages de la mer de Champlain ou de sable fluvio-lacustre.
4. Terre de nos sols québécois riche en cailloux et en blocs rocheux d'origine glaciaire (tills).

Sont-ils hauts ? Le bois est-il sain ? A toutes ces questions, mon cher lecteur, je vous y répondrai, vous en faisant la description la plus naïve que je pourrai, et avec toute la sincérité possible, tâchant de fuir toutes exagérations, comme j'ai fait, et comme j'espère le faire dans tout le reste de mon discours : ensuite vous jugerez à quoi ils sont propres, et ce qu'on en pourra faire. Je n'y garderai point d'ordre ; je les nommerai comme ils me viendront en la mémoire ; je commencerai par un, qui est le plus utile ici, que l'on nomme pin, qui n'apporte pas de fruit comme ceux de l'Europe ; il y en a de toutes grosseurs et grandeurs ; ils viennent ordinairement de la hauteur de cinquante à soixante pieds, sans branches : l'on s'en sert pour faire de la planche, qui est fort belle et bonne; et l'on dit que ces arbres seraient bien propres à faire des mâts de navires. Il s'en trouve d'assez menus et hauts pour cet effet: ces arbres sont fort droits: il y a de grands pays qui n'en portent point: mais les lieux où ils naissent sont appelés pinières.

Ces arbres rendent quantité de gomme; les Sauvages s'en servent pour brayer[1] leurs canots, et on s'en sert heureusement pour les plaies, où cette gomme est fort souveraine.

Il croît aussi des cèdres, le bois en est fort tendre, il a la feuille plate, et le bois est quasi comme incorruptible: c'est pourquoi on s'en sert ici pour faire les clôtures de jardins, et les poutres des caves: il sent assez bon; mais d'ordinaire les arbres ne sont pas sains:

1. Étancher.

cependant il s'en trouve plusieurs gros qui pourraient servir à faire du meuble : il rend une gomme, qui, étant brûlée, a une très bonne odeur comme de l'encens. Je ne sais pas qu'elle ait d'autre qualité.

Il y a des sapins comme en France : toute la différence que j'y trouve, c'est qu'à la plupart il y vient des bubons à l'écorce, qui sont remplis d'une certaine gomme liquide qui est aromatique, dont on se sert pour les plaies comme de baumes, et n'a pas guère moins de vertu, selon le rapport de ceux qui ont fait l'expérience : on en dit plusieurs autres choses, mais je laisse cela aux médecins.

Il y a une autre espèce d'arbre, qu'on nomme épinette : c'est quasi comme du sapin, sinon qu'il est plus propre à faire des mâts de petits vaisseaux, comme de chaloupes et de barques, étant plus fort que le sapin. Je parle de l'épinette verte : car il y en a deux sortes ; l'une verte, et l'autre rouge.

L'épinette rouge[1] est d'un bois plus ferme et plus pesant et fort propre à bâtir ; elle se dépouille de ses feuilles en automne, et les reprend au printemps : ce qui n'arrive point aux autres sapinages. L'écorce en est rouge ; elle ne rend point quasi de gomme, tout au contraire de l'épinette verte qui en a quantité.

Il y a encore une autre espèce que l'on appelle prusse[2] ; ce sont ordinairement de gros arbres qui ont trente ou quarante pieds de haut sans branches : ils ont une grosse écorce et rouge : ce bois ne pourrit pas si facilement que les autres ; c'est pourquoi on s'en sert

1. Appelé mélèze aujourd'hui.
2. Pruche au Québec.

ordinairement pour bâtir. Ce qu'il y a de mal dans ce bois, c'est qu'il s'en trouve quantité de rouillé, ce qui le fait rebuter. De celui-là il en vient partout, en bonne et mauvaise terre; il ne produit point de gomme.

Il faut remarquer que tous les sapinages ne croissent que dans des lieux humides, à la réserve des pins et des prusses, qui viennent aussi bien en lieux secs qu'en lieux humides.

Il y a une autre espèce d'arbre, qu'on appelle érable, qui vient fort gros et haut: le bois en est fort beau, nonobstant quoi on ne s'en sert à rien qu'à brûler, ou pour emmancher des outils, à quoi il est très propre, à cause qu'il est extrêmement doux et fort. Quand on entaille ces érables au printemps, il en dégoutte quantité d'eau, qui est plus douce que de l'eau détrempée dans du sucre ; du moins plus agréable à boire.

L'arbre appelé merisier, devient gros et haut, bien droit. Son bois sert à faire du meuble, et à monter des armes. Il est rouge dedans et est le plus beau pour les ouvrages qu'il y ait en ces quartiers. Il ne porte aucun fruit.

On l'a nommé merisier, parce que son écorce est semblable aux merisiers de France.

Il y a aussi du bois de hêtre, fort beau et bon, qui porte de la faine comme en France : mais l'on ne s'en sert qu'à brûler.

Il se trouve de deux sortes de chênes ; l'un est plus poreux que l'autre. Le poreux est propre pour faire du meuble, et autre travail de menuiserie et de charpente : l'autre est propre à faire des vaisseaux pour aller sur l'eau : ces arbres viennent hauts, gros, et droits, et surtout vers le Mont-Royal.

Il y a aussi deux sortes de frêne, l'un appelé franc-frêne, et l'autre frêne bâtard : Ces arbres viennent bien hauts et bien droits, le bois en est fort beau et bon.

Il y a des ormes qui viennent fort gros et hauts, le bois en est excellent, et les charrons de ce pays s'en servent fort.

Il y a des noyers de deux sortes, qui apportent des noix : les uns les apportent grosses et dures ; mais le bois de l'arbre est fort tendre, et l'on ne s'en sert point, sinon à faire des sabots, à quoi il est fort propre : de celui-là il y en a vers Québec et les Trois-Rivières en quantité : mais peu en montant plus haut; l'autre sorte de noyers apporte des petites noix rondes, qui ont l'écale tendre comme celle de France; mais le bois de l'arbre est fort dur, et rouge dedans: on commence d'en trouver au Mont-Royal, et il y en a quantité dans le pays des Iroquois. Les Sauvages même se servent des noix à faire de l'huile, laquelle est excellente.

Une autre espèce d'arbre, que l'on appelle de la plaine, est quasi comme l'érable; mais un peu plus tendre, qui sert à brûler.

Il y a du bouleau, dont les arbres viennent fort gros et hauts; nos Sauvages se servent de l'écorce pour faire leurs canots, et pour couvrir leurs cabanes portatives; cela se roulant comme un tableau, on le déroule et on l'étend sur deux ou trois perches plantées en terre, et on se met à l'abri là-dessous, comme on serait sous une tente; les Sauvages en font encore des plats et autres petits vaisseaux à leurs usages; le bois en est fort beau et bien sain, mais on ne s'en sert à rien ici.

Il se trouve aussi du tremble de toutes façons; c'est-à-dire, gros et petit, qui sert à la nourriture des castors, qui en aiment fort l'écorce.

Il y a d'autres arbres appelés bois blanc[1], que quelques-uns appellent tilleul; le bois en est blanc et bien tendre, qui pourrit facilement à l'eau: l'écorce sert à nos Sauvages en beaucoup d'usages; car celle des plus gros arbres leur sert à faire une espèce de tonneau, dans lequel ils mettent leurs grains et autres choses.

L'écorce des petits leur sert à lier,

1. Le bois blanc désigne le tilleul d'Amérique.

lier, et même ils en font un chanvre, duquel ils se servent pour faire des cordages.

Il y a des châtaigniers et des mûriers, qui se trouvent seulement dans le pays des Iroquois : pour les châtaigniers, il y en a en abondance, et qui rapportent du fruit aussi bon que ceux de France ; les arbres en sont beaucoup plus gros et plus grands.

Il se voit quantité d'autres arbres audit pays des Iroquois, qui ne sont point ici dans nos quartiers, et dont je ne sais pas le nom ; seulement sais-je bien qu'il y en a qui ont le bois rouge et fort propre à faire du meuble.

Il y a aussi en ces quartiers abondance de coudriers, qui rapportent force noisettes, sureau, épine blanche, qui apportent des fruits plus gros que ceux de France, et d'un bien meilleur goût; pruniers qui apportent des prunes rouges de la grosseur du damas, et qui sont d'un assez bon goût, mais non pas toutefois si bonnes que celles de France.

Il y a des saules et des aulnes en abondance.

Il s'y trouve des groseilliers qui apportent des groseilles de deux sortes; les unes comme en France, les autres toutes pleines de picquerons.

Il y a des gadeliers ou groseilles rouges.

Il y a de petits arbres que l'on appelle merisiers, qui apportent de deux ou trois sortes de petits fruits: le goût n'en est pas désagréable; mais ils sont bien petits; les arbres ne deviennent jamais gros.

Il y a encore d'autres petits fruitiers semblables, qui ne valent pas la peine d'en parler, pour n'être pas considérables.

Puisque je suis sur les fruitiers, je n'omettrai pas à vous parler des framboisiers et fraisiers qui sont dans tout ce pays en si grande abondance, qu'il n'est pas croyable; toutes les terres en sont remplies, et cela vient par dépit: cependant, ils produisent une si grande quantité de fruits, que dans la saison on ne les peut épuiser: elles viennent plus grosses et de meilleur goût qu'en France.

Il se trouve d'une autre sorte de petits fruits, gros comme de gros pois, ils s'appellent bleuets[1], et sont d'un excellent goût: l'arbre qui les produit n'a pas plus d'un pied de haut: ils ne croissent pas partout; mais il y a des endroits où il y en a grande quantité.

C ii

1. Pierre Boucher nomme ce fruit bluet, qui est une variété de myrtille.

Les ronces de ce pays produisent un fruit qui est quasi d'aussi bon goût que nos mûres de France; il n'est pas si gros.

Il y a quantité de petits fruits dont je ne sais pas les noms, et qui ne sont pas beaucoup exquis, mais se mangent faute d'autres.

Il y a aussi abondance de vignes sauvages qui portent des raisins, le grain n'en est pas si gros que celui de nos vignes de France, ni les grappes si fournies: mais je crois que si elles étaient cultivées, elles ne différeraient en rien: le raisin en est un peu âcre, et fait de gros vin, qui tache beaucoup, et qui d'ordinaire est meilleur un an après, que l'année qu'il est fait.

Quelques particuliers ont planté quelques pieds de vigne venus de France dans leurs jardins, qui ont rapporté de fort beaux et bons raisins.

On n'a point encore planté ici d'arbres de France, sinon quelques pommiers qui rapportent de fort bonnes pommes et en quantité, mais il y a bien peu de ces arbres.

Noms des animaux qui se rencontrent au pays de la Nouvelle-France.

CHAPITRE V.

Pour satisfaire à la promesse que j'ai faite dans mon premier chapitre, de traiter de chaque chose en particulier : Je vous ferai ce chapitre du nom des animaux[1] et des lieux où ils se rencontrent d'ordinaire ; car

C iii

1. Les animaux de ce chapitre sont les mammifères, les reptiles et les batraciens.

comme vous savez, toutes les choses ne sont pas en un même endroit. Par ce moyen, je vous ôterai la confusion qu'on peut avoir dans l'esprit, prenant les choses en gros ou en général.

Commençons donc par le plus commun et le plus universel de tous les animaux de ce pays, qui est l'élan, qu'on appelle en ces quartiers-ci original[1] : ils sont plus grands d'ordinaire que de grands mulets, et ont à peu près la tête faite de même. La différence qu'il y a, c'est que les mâles portent des bois fourchus comme celui des cerfs, sinon qu'ils sont plats. Ils leur tombent tous les ans, et croissent tous les ans d'un fourchon. La chair en est bonne et légère, et ne fait jamais de mal. La peau se porte en France pour la faire passer en buffle, la moëlle

1. Erreur typographique. Il s'agit bien de l'orignal ou élan d'Amérique (*Alces americana*).

est médicinale contre les douleurs des nerfs. L'on dit que la corne du pied gauche est bonne pour le mal caduc ; c'est un animal bien haut sur jambe et bien dispos : il a le pied fendu ; il est sans queue ; il se défend des pieds de devant comme les cerfs.

Le caribou[1] est un animal de la hauteur environ d'un âne, mais qui est fort dispos. Le mâle a le pied fourchu, et l'ouvre si large en courant, qu'il n'enfonce point l'hiver dans les neiges quelques hautes qu'elles puissent être. Il porte un bois fourchu, rond et bien pointu. La chair en est bonne à manger, et délicate.

L'ours est de couleur noire, et n'y en a point de blancs en ces quartiers. La peau des petits est estimée pour faire des manchons. Ils ne sont point malfaisants si on

C iiij

1. Pierre Boucher décrit ici le caribou des bois (*Rangifer caribou*) et non celui de la toundra.

ne les irrite: la viande en est bonne à manger: la graisse fondue devient comme de l'huile, et est bonne contre les humeurs froides: il est six mois sans sortir des lieux où il se tient caché: il se retire dans des creux d'arbres pour l'ordinaire: il aime beaucoup le gland; de là vient qu'il y en a si grande abondance allant au pays des Iroquois: il est carnassier, tue les cochons pour les manger quand il en attrape à l'écart.

Les animaux qu'on appelle ici vaches sauvages, sont une espèce de cerfs; les mâles portent des bois tout semblables, et quittent leurs bois tout les ans: ils ont le pied fourchu; ils sont grands comme de grands cerfs, la viande en est délicate, et ces animaux vont ordinairement par bandes, et ne se rencontrent pas partout. On n'en voit point au-dessous des Trois-Rivières, mais bien au-dessus; plus on monte en haut vers les Iroquois, et plus il y en a.

Il y a aussi des animaux qu'on appelle cerfs, qui sont de la même façon que ceux de France, à la réserve qu'ils sont plus petits, et d'un poil plus blanchâtre. De ceux-là il ne s'en trouve pas au-dessous du Mont-Royal, mais bien au-dessus; montant plus haut, il y en a sans nombre.

Quant aux animaux que l'on appelle buffles[1], il ne s'en trouve que dans le pays des Outaoüak[2], environ à quatre ou cinq cents lieues de Québec, tirant vers l'occident et le septentrion.

Il y a des loups de deux sortes, les uns s'appellent loups-cerviers[3], dont la peau est excellence à faire des fourures. Ces animaux

C v

1. Bisons.
2. Outaouak ou Outaouais : nation sauvage de langue algonquine occupant la région des Grands-Lacs.
3. Pierre Boucher se trompe : le loup-cervier est un lynx, de la famille du chat, alors que le loup est de la famille du chien.

abondent du côté du Nord, et il s'en trouve peu proche de nos habitations; les autres sont des loups communs, qui ne sont pas du tout si grands que ceux de France, ni si malins, et ont la peau plus belle : ils ne laissent pas d'être carnassiers, et font la guerre aux animaux dans les bois : et quand ils trouvent de nos petits chiens à l'écart, ils les mangent. Il y en a peu vers Québec. Ils sont plus communs à mesure que l'on monte en haut.

Il y a aussi quantité de renards par tout le pays : comme je ne trouve point qu'il y ait de différence avec ceux de France, je n'en parlerai point; sinon qu'il s'en trouve quelquefois de noirs, mais bien rarement.

Il y a une autre sorte d'animal, plus petit qu'un renard, qui monte sur les arbres : on l'appelle enfant du diable[1] ; il est extrêmement carnassier, et il a l'industrie de tuer des élans : la chair en est bonne.

Il y a aussi quantité de martres ; mais elles sont toutes rousses, et il ne s'en voit point de noires.

Il y a d'autres animaux que l'on appelle des chats sauvages[2], quoi qu'ils ne ressemblent guère aux autres chats ; mais c'est à cause qu'ils grimpent aux arbres : ils sont plus gros de beaucoup que les nôtres : ils sont d'ordinaire extrêmement gras, la viande en est bonne : les Sauvages se servent de la peau pour en faire des robes.

Il y a des porcs-épics. Les Sauvages se servent du poil qui est fort gros, creux et pointu par les deux bouts, pour faire divers petits ouvrages qui leur servent d'ornements parmi eux, comme les

C vj

1. Carcajou, animal très carnassier.
2. Il s'agit du lynx, bobcat en anglais. (*Lynx rufus*). Une autre espèce connue sous le nom de chat sauvage, est le raton laveur, raccoon en anglais (*Procyon lotor*).

passements parmi nous : la viande de cet animal est bonne.

Il y a un autre animal un peu plus petit, qu'on nomme siffleur[1] : il loge en terre, et fait une tanière comme le renard : la viande en est aussi bonne.

Il y a quantité de lièvres, ils ne sont pas si grands que ceux de France : ce qui est remarquable, c'est qu'en été ils sont gris, et l'hiver ils sont blancs : ainsi ils changent deux fois de couleur l'année.

Il y a d'autres animaux que l'on appelle bête puante[2]. Cet animal ne court pas vite : quand il se voit poursuivi, il urine : mais cette urine est si puante, qu'elle infecte tout le voisinage, et plus de quinze jours ou trois semaines après, on sent encore l'odeur en approchant du lieu. Cet animal

---

1. Appelé aujourd'hui siffleux, il s'agit de la marmotte du Canada (*Marmota monax*).
2. Nom populaire de la mouffette.

étrangle les poules quand il les peut attraper.

Il y en a une autre espèce d'animaux qui leur font la guerre, qui sont beaucoup plus petits, que l'on nomme pêcheurs[1], parce qu'ils vont dans le fond de l'eau comme à terre.

Il y a quatre sortes d'écureuils, les uns sont roux comme ceux de France; d'autres sont plus petits, et ont deux barres blanches et noires tout le long du dos; on les nomme écureuils suisses: il y en a une troisième sorte, qui sont gros et cendrés, qu'on appelle écureuils volants, parce qu'ils volent en effet d'un arbre sur l'autre, par le moyen de certaines peaux qui s'étendent lorsqu'ils ouvrent les pattes: ils ne volent jamais en montant comme les oiseaux, mais droit ou en descendant; ils sont

1. Connu au Québec sous le nom de pécan (fisher en anglais), il s'agit d'une marte qui se nourrit de poissons.

beaux et mignons : la quatrième espèce sont des écureuils noirs ; ils sont plus gros que tous les autres : la peau en est très belle, et les Sauvages s'en servent à faire des robes : cet animal est joli et curieux ; mais il ne s'en trouve que dans le pays des Iroquois.

Après cela, nous parlerons des animaux amphibies, qui vivent et dans l'eau et sur terre, comme castor, loutre, et rat musqué.

Le castor ou bièvre est un animal qui a les jambes fort courtes, vit dans l'eau et sur terre : il a une grande queue plate, dont la peau est en façon d'écaille : vous savez que le poil sert à faire des chapeaux, et c'est le grand traffic de ce pays-ci.

Ces animaux se multiplient beaucoup ; la chair est délicate comme celle du mouton : les testicules sont recherchés par les apothicaires. Cet animal tout grossier qu'il est, a une merveilleuse industrie, non seulement à se loger dans l'eau et dans la terre, mais surtout à bâtir des digues : car ils ont l'adresse d'arrêter de petites rivières et de faire des chaussées que l'eau ne peut rompre. Ils font, par ce moyen, noyer un grand pays qui leur sert d'étang pour jouer et pour y faire leur demeure. Les Sauvages qui vont à la chasse, ont toutes les peines du monde à rompre ces digues. Les castors qui sont du côté du Nord valent bien mieux, et le poil en est plus excellent que de ceux du côté du Sud.

Pour les loutres, elles[1] se trouvent d'ordinaire dans les lacs ; il y en a quelques-unes qui ont la peau assez belle.

1. Pour Pierre Boucher, loutre est masculin. Il a écrit : Pour les loutres, *ils* se trouvent...

Le rat musqué est un animal qui vit dans l'eau, et qui est assurément estimé pour ses testicules, qui sentent le musc pendant deux mois, qui est le temps qu'ils sont en chaleur, savoir avril et mai : leur peau ressemble à celle d'un lapin, tant pour la couleur que pour la grandeur ; la chair en est bonne.

Il y a aussi des belettes, mulots, taupes, et souris : voilà pour ce qui est des animaux du pays. Voici le nom de ceux que l'on amène de France, des bœufs et des vaches : les bœufs servent à labourer la terre, et à traîner du bois l'hiver sur les neiges. Des cochons en grand nombre : des moutons il y en a peu : des chiens, des chats, et des rats. Voilà les animaux que l'on nous a amenés de France, qui font bonne fin en ce pays-ci.

Après avoir parlé de tous les animaux qui sont dans le pays, disons un mot des reptiles qui s'y trouvent.

Il s'y voit des couleuvres de plusieurs sortes : il y en a qui ont la peau émaillée de blanc et de noir ; d'autres de jaune et de vert : elles ne sont pas malfaisantes, du moins on ne s'en est pas encore aperçu : les plus longues sont environ d'une aune ; mais il y en a peu de si longues. Plus on va en haut, plus il y en a.

Dans le pays des Iroquois, il y en a d'une autre sorte qu'on appelle des couleuvres à sonnettes[1] : celles-là sont dangereuses, elles mordent quelquefois les Sauvages, qui en mourraient en peu de temps, n'était leur connaissance d'une herbe qu'ils ont, laquelle croît en ce pays, qui étant

1. Serpents à sonnette.

appliquée sur la blessure en forme de cataplasme, en tire tout le venin.

Il y a des lézards[1] et autres petits animaux semblables : des crapaux ; mais je n'en ai jamais vu de si gros en France.

Il y a des grenouilles de plusieurs sortes ; j'en ai vu de trois, savoir les unes aussi grosses que le pied d'un cheval, qui sont vertes, et se trouvent sur le bord du grand fleuve ; elles meuglent le soir comme un bœuf, et plusieurs de nos nouveaux venus y ont été trompés, croyant entendre des vaches sauvages : ils ne le voulaient pas croire quand on leur disait que c'était des grenouilles, on les entend d'une grande lieue. Les Sauvages hurons, les mangent, et disent qu'elles sont fort bonnes.

---

1. Le lézard de Pierre Boucher n'est pas un reptile mais une salamandre : petit amphibien terrestre et inoffensif.

Il y en a d'autres semblables à celles de France, et c'est de celles-là qu'il y en a plus grand nombre.

J'en ai vu d'une troisième sorte, qui sont toutes comme les grenouilles communes, sinon qu'elles ont une queue: je n'ai jamais vu de celles-là qu'en un seul endroit, le long d'une petite rivière; mais j'en vis plus de cent.

Noms des oiseaux qui se voient en la Nouvelle-France.

CHAPITRE VI.

En vous mettant le nom des oiseaux qui sont dans ce pays, je ne vous parlerai point de ceux qui se rencontrent à l'entrée du golfe, comme cormorans, tangueux[1], fauquets[2], poules d'eau, griseaux[3], et une infinité d'autres, qui sont plutôt oiseaux de mer que de terre : mais je vous nommerai seulement ceux qui sont proches de nous, et que l'on tue tous les jours, comme cygnes, outardes, brenèches[4], oies sauvages[5], grues, canards, sarcelles, plongeons de plus de dix sor-

1. Pingouins communs des environs de Terre-Neuve.
2. Fouquet ou hirondelle de mer (sternes). En Amérique, pigeon de mer, ou perroquet de mer.
3. Griset : passereau qui a encore son plumage gris. Les griseaux de Boucher sont des oiseaux de mer.
4. Bernache plus petite que l'outarde.
5. Oies blanches.

tes, huarts, butors[1], hérons, bécasses, bécassines, chevaliers, pluviers, pirouys[2], alouettes de mer : car il n'y en a point des champs. Tous les noms ci-dessus sont oiseaux de rivières ; vu que s'ils ne se trouvent dedans, ils se trouvent le long des bords.

Tout ce pays est rempli de ce gibier dans la saison, qui est le printemps et l'automne.

Comme l'outarde n'est pas un oiseau commun en France, j'en ferai une petite description, à cause que c'est le gibier de rivière le plus commun ici ; elle est faite tout comme une oie grise, mais beaucoup plus grosse, elle n'a pas la chair si délicate que celle des oies que nous voyons ici au Canada ; qui en passant sont toutes blanches, à la réserve du bout des ailes et de la queue qui

1. Oiseau échassier à plumage fauve tacheté de noir.
2. Possiblement l'alouette selon le naturaliste Jacques Rousseau.

est noire: car pour la chair des oies de France, il s'en faut beaucoup qu'elles approchent du goût de celui de nos outardes.

Le nom des autres oiseaux sont, l'aigle, le coq-d'Inde, des oiseaux de proie de plus de quinze sortes, dont je ne sais pas les noms, sinon de l'épervier et de l'émerillon.

La femelle de l'aigle a la tête et la queue blanche, on l'appelle nonnette.

Pour le coq-d'Inde[1] sauvage, il ne s'en trouve point ni à Québec, ni aux Trois-Rivières, ni à Montréal: mais dans le pays des Iroquois, et dans le pays où demeuraient autrefois les Hurons, il y en a des quantités, et dont la chair est bien plus délicate, que des coqs-d'Indes domestiques.

Il y a de trois sortes de perdrix;

---

1. Il s'agit du dindon. Le mot Inde réfère ici à l'Amérique. La femelle nommée poule d'Inde est notre dinde.

les unes sont blanches, et elles ne se trouvent que l'hiver, elles ont de la plume jusque sur les argots, elles sont fort belles et plus grosses que celles de France, la chair en est délicate. Il y a d'autres perdrix qui sont toutes noires, qui ont des yeux rouges : elles sont plus petites que celles de France, la chair n'en est pas si bonne à manger; mais c'est un bel oiseau et elles ne sont pas bien communes.

Il y a aussi des perdrix grises, qui sont grosses comme des poules : celles-là sont fort communes et bien aisées à tuer; car elles ne s'enfuient quasi pas du monde : la chair est extrêmement blanche et sèche.

Il y a une autre sorte d'oiseaux, qui se nomment tourtes ou tourterelles, (comme vous voudrez :) elles sont presque grosses comme des pigeons, et d'un plumage cendré : les mâles ont la gorge rouge, et sont d'un excellent goût. Il y en a des quantités prodigieuses ; l'on en tue des quarante et quarante-cinq d'un coup de fusil : ce n'est pas que cela se fasse d'ordinaire ; mais pour en tuer huit, dix ou douze, cela est commun ; elles viennent d'ordinaire au mois de mai, et s'en retournent au mois de septembre ; il s'en trouve universellement par tout ce pays-ci. Les Iroquois les prennent à la passée avec des rets ; ils en prennent quelquefois de trois et quatre cents d'un coup.

Il y a aussi grand nombre d'étourneaux qui s'abandent en septembre et octobre : quantité de grives, merles, ortolans[1], et un nombre infini d'autres petits oiseaux dont je ne sais pas les noms.

Il

1. Alouettes cornues.

Il y a des hirondelles, martinets, geais, pies, mais elles ne sont pas comme celles de France : car elles sont cendrées et malbâties.

Il se voit des hiboux et chats-huants : des corbeaux et corneilles, des piverts, et autres sortes que l'on appelle pic-bois : de petits oiseaux qui sont tout rouges comme du feu : d'autres sont rouges et noirs d'autres sont tout jaunes, et d'autres tout bleus.

Les oiseaux-mouches, qui sont les plus petits de tous, sont quasi tout verts, à la réserve des mâles qui ont la gorge rouge.

Les oiseaux qu'on a apportés de France, sont des poules, des poules-d'Indes et des pigeons.

D

Noms des poissons qui se trouvent dans le grand fleuve Saint-Laurent, et dans les lacs et rivières qui descendent, dont nous avons connaissance.

CHAPITRE VII.

À l'entrée du fleuve, il s'y voit des baleineaux, et l'on dit même qu'il y a de grosses baleines.

Il y a quantité de morues, et l'on en pêche jusqu'à dix lieues de Tadoussac.

Depuis là jusqu'au Mont-Royal, se trouve grande quantité de marsouins blancs[1], propres à faire de l'huile, si on les pouvait

1. Béluga communément appelé marsouin au Québec.

attraper. On en voit des quantités admirables, depuis Tadoussac jusqu'à Québec, qui bondissent sur la rivière. Ils sont extrêmement grands et gros ; et l'on peut espérer du moins une barique d'huile de chacun, ainsi qu'on a expérimenté de quelques-uns qu'on a trouvé échoués.

Il y a aussi quantité de loups-marins[1] vers Tadoussac, et descendant plus bas ; l'huile en est excellente, non seulement à brûler ; mais à beaucoup d'autres choses : ils sont fort aisés à attraper, la peau sert à beaucoup d'usages.

Il y a quantité de saumons et de truites, depuis l'entrée du golfe jusqu'à Québec : il ne s'en trouve point aux Trois-Rivières, ni au Mont-Royal : mais quantité dans le pays des Iroquois.

Il y a abondance de maque-

D ij

1. Phoques.

reaux; mais ils ne se trouvent qu'à l'île Percée.

Le hareng donne en plusieurs endroits: à l'île Percée, Tadoussac, et autres rivières, il va par bandes comme en Europe.

L'esturgeon se prend depuis Québec en montant en haut, et dans tous ces grands lacs, où il y en a grandes quantités: il s'en voit bien peu de petits, mais tous grands esturgeons de quatre, de six, et de huit pieds de long: j'ai vu qu'il s'en pêchait en abondance devant l'habitation du Mont-Royal, pendant qu'ils avaient des hommes affectionnés à la pêche: il est parfaitement bon salé, et se garde bien longtemps: j'en ai mangé qu'il y avait deux ans qui était salé qui était aussi bon que quatre jours après la prise.

L'alose est plus abondante à

Québec qu'en aucun lieu ; il y en a des quantités prodigieuses au printemps, qui est la saison qu'on la pêche.

Le bar est un poisson d'eau douce : on en pêche quantité à Québec et aux Trois-Rivières : je n'ai point ouï dire qu'on en prît à Tadoussac, ni au Mont-Royal : c'est un poisson dont la chair est excellente, et où il y a peu d'arêtes.

La barbue commune en tout ce pays, et qui abonde partout, est un poisson sans écaille, qui a la tête plus grosse que le reste du corps, n'a que la grosse arête : la chair en est blanche et délicate, pour être un des plus gras de ce pays-ci : elle a d'ordinaire un pied et demi ou deux pieds de long : elle se prend à l'hameçon : elle est fort bonne salée.

D iij

Il y a aussi abondance d'éplans[1] durant l'automne, tant à Québec qu'à Tadoussac.

Il se trouve des loches[2] à Tadoussac et quantité d'autres sortes de poissons que j'omets pour n'en savoir les noms.

L'anguille se pêche à Québec; en plus grande abondance qu'en aucun lieu, dans le mois de septembre et au commencement d'octobre: elle est plus grosse et de beaucoup meilleur goût que celle qui se voit en France. J'en ai vu d'aussi grosse que la jambe d'un homme: elle est délicate: elle se garde fort bien salée: elle se prend avec des nasses: on en prend si grande quantité, que cela n'est pas concevable à moins que de l'avoir vu.

Les poissons qui se trouvent dans les petits lacs et les petites ri-

---

1. Éperlan.
2. Barbot.

vières, sont brochets, carpes de plusieurs sortes; perches, brèmes[1], petites truites, poissons dorés, ouchigans[2], une autre sorte de poisson plat qui n'a point de nom français, non plus que le précédent, qui est petit, mais excellent, et un autre nommé le poisson blanc; voilà les plus communs qui se rencontrent partout.

Les brochets y sont ordinairement bien grands. Les carpes de quelque nature qu'elles soient, ne sont pas bien excellentes, à moins que d'être frites à l'huile: elles ont la chair molasse.

De tous ces poissons, il y a abondance dans tous les petits lacs et petites rivières.

Dans ces grands lacs, il y a quantité de beaux et grands poissons, et de diverses espèces, qui n'ont point encore de nom parmi nous

D iiij

1. Poisson long et plat vivant dans les eaux douces.
2. Achigans.

autres Français, qui cependant font des mangers délicieux. Je n'en ferai point la description, ils sont encore trop éloignés de nous.

Il serait bien difficile de dire les noms de tous les poissons qui se prennent dans un grand pays comme celui-ci[1]. De temps en temps il s'en prend quelques-uns dont on n'en a point encore vu de semblables. On trouve aussi des écrevisses dans les petites rivières.

J'oubliais de vous faire la description d'un poisson, qu'on appelle poisson armé : il a environ deux pieds et demi de long, et même trois pieds ; il est tout rond, et a six ou huit pouces de tour ; il est quasi également gros partout : il a une écaille extrêmement dure, et qu'on ne saurait avoir percé

---

1. Dans le texte original : cestuy-cy.

d'un coup d'épée ; son bec a environ huit pouces de long, et est dur comme de l'os ; armé de trois rangées de dents de chaque côté, qui sont pointues comme des alênes : la chair ne vaut pas grand chose à manger. Il est fort facile à prendre, mais il est rare.

Noms des blés et autres grains apportés d'Europe, qui croissent en ce pays.

CHAPITRE VIII.

Dans mon voyage de France, je rencontrai quantité de personnes qui me demandaient si le blé venait[1] en la Nouvelle-France, et si l'on y mangeait du pain. C'est ce qui m'a obligé à faire ce chapitre, pour désabuser[2]

D v

1. Pierre Boucher emploie souvent le verbe venir dans le sens de croître ou pousser.
2. Dissiper les fausses idées.

ceux qui croient que l'on ne vit dans ce pays-ci que de racines, comme on fait aux îles Saint-Christophe[1]. Ils sauront donc que le blé froment y vient[2] très bien; et on y fait du pain aussi beau et aussi blanc qu'en France. Les seigles y viennent plus que l'on ne veut: toute sorte d'orges et de pois y croissent fort beaux, et l'on ne voit point de ces pois verreux plein de cosson, comme on en voit en France; les lentilles, la vesce[3], l'avoine, et le mil, y viennent parfaitement bien; les grosses fèves[4] y viennent bien aussi; mais il y a de certaines années qu'il y a de grosses mouches qui les mangent, quand elles sont en fleur. Le blé sarrasin[5] y vient aussi; mais il arrive quelquefois que la gelée le surprend avant qu'il soit mûr. Le chanvre et le lin y vien-

1. Îles des Antilles britanniques entre Porto-Rico et la Guadeloupe, nommées Saint Kitts et Niévès.
2. Le verbe venir, dans le contexte, utilisé dans le sens de croître ou de pousser.
3. Voisse dans le texte: plante herbacée.
4. Gourgane.
5. Blé noir, première céréale semée après le défrichage.

vent plus beaux et plus hauts qu'en France.

Les grains que cultivent les Sauvages, et qu'ils avaient avant que nous vinssions dans le pays, ce sont gros mil[1] ou blé-d'Inde, faizoles[2] ou haricots, citrouilles d'une autre espèce que celles de France; elles sont plus petites, et ne sont pas si creuses; ont la chair plus ferme et moins aqueuse, et d'un meilleur goût. Du tournesol, de la graine duquel ils font de l'huile qui est fort délicate, et de très bon goût. De l'herbe à la reyne ou pétun, dont ils font leur tabac; car les Sauvages sont grands fumeurs, et ne se peuvent passer de pétun[3]. Voilà en quoi consiste la culture des Sauvages.

Toutes sortes de naveaux et rabioles[4], betteraves, carottes, panais, cercifis[5], et autres racines,

D vj

1. Maïs. Le mot Inde désigne ici l'Amérique.
2. L'auteur confirme que le haricot ou faizole (*Phaseolus vulgaris*) est d'origine américaine.
3. Ancien nom du tabac.
4. Navets blancs.
5. Salsifis: plante à longue racine comestible et sucrée.

viennent parfaitement, et bien grosses. Toute sorte de choux y viennent aussi en leur perfection, à la réserve des choux-fleurs que je n'ai point encore vus.

Pour des herbes, l'oseille, cardes de toutes façons, asperges, épinards, laitues de toute sorte, cerfeuil, persil, chicorée, pimprenelle, oignons, porreaux[1], l'ail, les cives[2], hysopes, bouroche[3], buglosse[4], et généralement toutes sortes d'herbes qui croissent dans les jardins de France; les melons, les concombres, les melons d'eau et calebasses[5] y viennent très bien.

Pour des fleurs, on n'en a pas encore beaucoup apporté de France, sinon des roses, des œillets, tulipes, lys blancs, passe-roses, anémones et pas-d'alouette qui sont tout comme en France.

Pour les herbes sauvages, je

---

1. Poireaux.
2. Ciboulette.
3. Bourrache.
4. Plante herbacée de la famille de la bourrache.
5. Fruits aux parois dures qui servent de récipients, d'ornement, etc.

n'entreprendrai pas de vous en décrire ici les noms, sinon de quelques-unes les plus communes qui se rencontrent ici dans les bois. Le cerfeuil a la feuille plus large que celui de France, a la tige beaucoup plus grosse, et est d'aussi bon goût. L'ail est plus petit que celui de France : il y croît force petits oignons façon de cives le long du grand fleuve. Il y a de la passe-pierre[1] et du persil sauvage, qui ressemble tout à fait au persil de Macédoine : il y a de l'angélique[2] dans les prairies, et le pourpier vient naturellement dans les terres désertées[3] sans y être semé : mais il n'est pas si beau que celui que nous cultivons : il se trouve dans les prairies une[4] herbe qu'on appelle voisseron[5], qui fait d'excellent foin, aussi bien qu'une autre qu'on appelle pois sauvages : il n'y

---

1. Plante qui pousse sur les rochers ou les murs.
2. Plante herbacée aquatique (*Acorus calamus*) connue sous le nom de belle-angélique.
3. Défrichées.
4. Dans le texte original : *d'une*.
5. Voisseron ou vesce à épi : plante herbacée fourragère.

en a plus vers les Trois-Rivières et Mont-Royal, où il n'y a point de reflux, que vers Québec. Le houblon y vient aussi naturellement, et on en fait de très bonne bière. La ciguë[1] y croît à merveille, aussi-bien que l'ellébore[2] : le capillaire[3] y croît en abondance : il se trouve plusieurs sortes de fougère, des orties dont on fait du fil et de très bons cordages, du mélilot[4], des roseaux et joncs le long des rivières.

Il y a aussi quantité de sortes de fleurs, dont les plus considérables sont celles-ci, des martagons[5] qui sont jaunes ; des roses sauvages qui ne sont point doubles ; une autre fleur rouge qu'on nomme cardinale, une espèce de lys, du muguet, des violettes simples et qui ne sentent rien. Je ne sais point le nom des autres ; mais ceux qui ont

---

1. Carotte-à-Moreau : plante toxique.
2. Tabac du diable observé le long des paturages et des routes en aval de Québec. Employé en médecine.
3. Plante très populaire en Nouvelle-France pour soigner les affections pulmonaires.
4. Trèfle venu d'Europe.
5. Fleur jaune apparentée au lys tigré ou à l'ail doux.

été aux Iroquois m'ont dit, que c'est chose admirable de voir la quantité et la diversité des belles fleurs qui s'y trouvent

Des Sauvages de la Nouvelle-France, et de leur façon de vivre.

CHAPITRE IX.

Tous les Sauvages de la Nouvelle-France, sont quasi tous les uns comme les autres, particulièrement pour les habillements et leurs coutumes : mais comme ils sont différents en leurs façons de vie et en leurs langages, nous les distinguerons en deux, à quoi se rapportent toutes les nations de ces pays-ci : savoir l'algonquine et la huronne; toutes les nations qui habitent le côté du Nord, tant bas que haut, sont tous Algonquins, et ne diffèrent pas beaucoup de langage, sinon comme le poitevin diffère du provençal ou du gascon. Du côté du Sud il y a encore les Abnaquiois[1], les Acadiens[2], les Socoquiois[3], et toute la nation du Loup[4], qui tiennent plus de l'Algonquin que du Huron.

En haut[5] les Outaoüac, les Nez-percés, et toutes ces autres grandes nations parlent presque tous algonquin.

D'autre côté, la nation du Pétun, la nation neutre, tous les Iroquois, les Andastoé, parlent la langue huronne, quoique les dialectes soient beaucoup différents, comme l'espagnol, l'italien, le français diffèrent du latin. Mais

1. Abénaquis.
2. Micmacs.
3. Sokoki de la confédération abénaquise.
4. Mohicans.
5. Désigne les Pays d'en Haut à l'ouest: Grands Lacs.

entre la langue huronne et l'algonquine, il y a autant de différence que du grec au latin.

Les Algonquins sont errants, et ne vivent que de chasse et de pêche, ne savent ce que c'est de cultiver des terres ; et universellement toutes les nations qui ont rapport à la langue algonquine. Au contraire les Hurons, Iroquois, et toutes les nations qui ont rapport à la langue huronne, sont sédentaires, ont des bourgades, ont des champs, cultivent la terre, trafiquent chez les autres nations, sont plus policés ; ont comme des officiers parmi eux pour toutes sortes de choses.

Faisons la description de la vie des Algonquins, après quoi nous parlerons de celle des Hurons.

L'Algonquin, comme j'ai dit, est errant, et vit de chasse et de pêche; et pour cet effet il a[1] de petits vaisseaux, que l'on appelle ici canots, faits d'écorce de bouleau, et renforcés par dedans de demi-cercles de bois de cèdre : cela est fait si proprement qu'un homme seul porte aisément un de ces petits vaisseaux, quand il est question de traverser les bois pour aller d'une rivière à une autre; et cependant il s'y embarque, lui sa femme et ses enfants, ses armes, sa maison, et le reste de son bagage. Il y a des canots de deux, de trois, de quatre, et de cinq brasses[2].

Leurs maisons consistent d'ordinaire en trois écorces de bouleau, qui ont environ chacune une aune[3] de large, et trois à quatre aunes de long, qui se plient comme fait un tableau quand il sort de chez un peintre : ils étendent

1. Dans la phrase, Pierre Boucher parle de l'Algonquin. Il y a contradiction quand il la termine en écrivant : ils ont de petits vaisseaux.
2. Unité de longueur valant 5 pieds français.
3. Ancienne mesure de longueur valant 1 188 mètre à Paris.

ces écorces le soir quand ils sont arrivés, sur trois ou quatre perches en rond, qui vont en pointe vers le haut, en sorte que la cabane est ronde, large par en bas, et rétrécissant par le haut. C'est d'ordinaire la femme qui fait la cabane, qui décharge le canot, allume le feu, et dispose le souper, pendant que l'homme allant faire un tour dans le bois, va voir s'il ne trouvera rien à tuer. La femme doit aussi disposer le lit, allant couper là proche un paquet de branches de sapin, qu'elle étend[1] sur la terre pour se coucher ; c'est elle qui doit couper et apporter tout le bois nécessaire pour la maison. Quand les hommes ont tué quelque animal, c'est aux femmes à aller quérir la viande : car elles leur servent comme de portefaix[2], elles écorchent les animaux

1. Pierre Boucher commet ici une erreur en écrivant : La femme .... branches de sapin, qu'elles étendent sur la terre..........
2 . Qui porte les fardeaux.

elles en étendent et font sécher les peaux, elles les passent après pour s'en couvrir; car nos Sauvages ne vont pas nus, comme ceux qui sont du côté des îles Saint-Christophe, seulement ils ne se couvrent point les bras, sinon quand il fait grand froid.

Les Sauvages généralement parlant, tant hommes que femmes, sont fort bien faits; et on en voit fort peu parmi eux qui aient des défauts de nature, comme d'être louches, bossus, boiteux, à moins que cela leur soit arrivé par accident.

Ils sont basanés, les enfants qui naissent sont blancs comme des Français, et cette couleur basanée ne leur vient qu'avec l'âge. Les hommes n'ont point de barbe, ils ont tous les cheveux noirs et gros, tant hommes que femmes, se les graissent fort souvent. Les Algonquins les portent d'ordinaire fort longs.

Ils sont naturellement timides, cruels, dissimulés, complaisants, ingrats, surtout les Algonquins, hardis demandeurs : mais le plus grand mal que j'y vois, c'est qu'ils sont extrêmement vindicatifs, et garderont vingt ans le dessein de se venger, sans le faire paraître ; cependant cherchent toujours l'occasion d'avoir quelque prétexte qui les mette à couvert. Ce n'est point leur coutume de faire paraître leurs rancunes ouvertement, comme de se battre à la rencontre, ou seul à seul, comme on fait en Europe. Un homme serait odieux parmi eux qui l'aurait fait ; et comme ils sont heureux d'avoir occasion de faire pièce à leurs ennemis et être à couvert, c'est une des causes qui les rend si passionnés pour s'enivrer, estimant que quand ils ont frappé ou tué quelqu'un dans leur ivresse, cela ne leur est point à déshonneur, disant que c'est la boisson qui l'a fait, et non pas eux; cependant ils volent[1] de joie dans leurs cœurs de s'être vengé: delà vient que les Sauvages ne boivent quasi jamais que pour s'enivrer, et ensuite faire pièce à quelqu'un qui leur aura rendu quelque déplaisir, ou pour assouvir quelqu'autre passion brutale, comme de violer une fille ou femme. C'est ce qu'a fort bien reconnu Monsieur notre évêque, et ce qui l'a rendu si zélé à s'opposer à ceux qui donnaient de la boisson aux Sauvages, dont ils s'enivraient incessamment, et d'où naissaient

1. Ils sautent de joie.

des désordres funestes, que la piété des gens de bien ne pouvait supporter : car il est très certain, que les Sauvages ne boivent point par délicatesse, ni par nécessité ; mais toujours pour quelque mauvais dessein : et cela est tellement vrai qu'on n'avait jamais vu, ni entendu parler parmi les Sauvages, des maux qui se sont faits depuis qu'on leur a donné de ces boissons enivrantes : car les Sauvages de leur naturel ne sont point capables de grandes malices, comme sont les Européens ; ils ne savent ce que c'est que de jurer. Quoiqu'il y en ait parmi eux quelques-uns qui soient larrons, ils ne dérobent jamais avec effronterie, ni même avec adresse, du moins les Algonquins, quoiqu'ils ne manquent pas d'esprit.

Ordinairement tous les Sauvages ont l'esprit bon, et il est bien rare de voir parmi eux de ces esprits buses et grossiers, comme nous en voyons en France parmi nos paysans. Ils craignent plus une simple réprimande de leurs parents ou de leurs capitaines, que l'on ne fait[1] en Europe les roues et les gibets : car vous ne voyez point de désordre parmi eux, quoique les pères et les mères n'aient point de châtiment pour leurs enfants, non plus que leurs chefs pour leurs inférieurs, que des paroles de réprimande ; et j'en ai vu qui se sont empoisonnés ; d'autres se sont pendus, ou pour avoir reçu, ou de peur de recevoir une correction de leurs parents, ou de leurs capitaines, et cela pour quelques petites fautes qu'ils avaient faites. C'est d'où vient que quand il s'est fait un meurtre,

1. Chez Pierre Boucher, le verbe faire peut remplacer un autre verbe dans une subordonnée. Ici *fait* signifie *craint*.

meurtre, on ne s'en prend point à celui qui la fait, mais aux capitaines, qui sont obligés de satisfaire aux parents du défunt; et comme la satisfaction est considérable, que cela donne de la peine au capitaine, cela[1] donne une telle confusion à celui qui a fait le mal, que quoiqu'on ne lui dise rien, il se bannit ordinairement le reste de ses jours, et cela retient tous les autres en bride.

Ils respectent beaucoup leurs capitaines, et leur obéissent promptement, surtout quand ils ne sont point vicieux: car quand ils le sont, ils les méprisent fort, disant, qu'un homme qui ne peut pas se commander soi-même, est incapable de commander autrui.

Ils ne sont point d'ordinaire avaricieux; cela vient de ce qu'ils ne se soucient pas de rien amasser

E

1. Dans le texte original: cel (archaïsme).

(particulièrement les Algonquins) qui vivent au jour la journée : ils n'ont point de soin.

La libéralité parmi eux est estimée ; c'est d'où vient que les capitaines sont ordinairement plus pauvres que les autres : car quand ils commencent à paraître, ils donnent tout, pour attirer l'affection de leurs gens, qui par après leur font plusieurs présents, et les nourrissent quand ils commencent à vieillir.

Ils ne sont point plus braves les uns que les autres, les meilleurs chasseurs sont les mieux accommodés.

Ils ne savent ce que c'est de se faire servir, chacun se sert soimême.

Le métier des hommes algonquins, c'est d'aller à la chasse, à la pêche et à la guerre, en traite aux nations éloignées, et d'escorter les femmes quand elles vont en des lieux dangereux, faire les canots, et voilà tout; pour le reste ce sont les femmes qui le doivent faire.

Quand ils vont en voyage, et que leurs femmes vont avec eux, la femme rame[1] dans le canot aussi bien que l'homme. En voilà assez dit des Algonquins.

Venons maintenant à une vie et des coutumes bien différentes qu'ont les nations de la langue huronne, tels que sont tous les cantons des Iroquois. Ils sont sédentaires, comme j'ai déjà dit, et bâtissent des bourgades. Ce sont les hommes qui font les palissades et les cabanes, qu'ils font en forme de berceau, fort haut et large; couvert depuis le haut jusqu'au[2]

E ij

1. La femme nage dans le canot (texte original).
2. Erreur typographique à la dernière ligne de la page 99 de la version originale. Le texte suivant: *le maître du festin chante tou-* y est inscrit. C'est un dédoublement de la première ligne de la page 108. Je l'ai donc omise pour préserver le sens de la phrase. P. Benoit.

bas de grosse écorce de frêne ou d'orme : les meilleures de ces cabanes sont couvertes d'écorces de cèdre, mais elles sont plus rares.

Ils abattent du bois, et désertent pour faire des champs[1]. Quand le bois en est brûlé, c'est aux femmes à les ensemencer ; car ce sont les femmes qui font toutes les semences, serclent[2] le blé et en font la récolte : ce sont elles qui le moulent, autrement le pilent : car les Sauvages n'ont jamais eu l'usage des moulins ; l'ayant réduit en farine, elles en font du pain, ou une espèce de bouillie avec de l'eau et quelque assaisonnement, lorsqu'ils en ont, ce qu'ils appellent sagamité : car les femmes sont les cuisinières et les boulangères.

Les hommes travaillent encore à faire des canots, des armures et des rets ; mais ce sont les femmes

---

1. Contrairement aux immigrants européens qui désertent en arrachant les souches, les Hurons et les Iroquois les brûlent.
2. Les Hurons et Iroquois ignoraient les labours en sillons, ils semaient en cercles sur des buttes. Il paraît peu probable, ici, que cercler signifie sarcler.

qui filent le fil : les hommes tiennent les Conseils, délibèrent des affaires, c'est-à-dire ceux qui sont de naissance pour cela ; car les capitaines viennent de père en fils, et entrent au Conseil lorsqu'ils sont en un âge mûr et qu'ils ont montré avoir l'esprit bien fait.

Ce sont les hommes qui vont à la chasse, à la pêche, et à la guerre : les Iroquois ne vont point en traite chez les autres nations sauvages, car ils sont haïs de tous : les Hurons y allaient fort, et trafiquaient quasi par tout le pays.

Les hommes s'occupent encore à faire des plats et des cuillers de bois. C'est aussi eux qui font les champs de tabac, et les calumets ou pipes qui leur servent à fumer : les femmes font les pots de terre, comme aussi quantité de

E iij

petits ouvrages propres à leurs usages, que je ne décrirai point pour n'être connus en France. Elles servent de portefaix, et il faut que ce soit elles qui portent tout ce qu'il y a à porter.

J'ai appris depuis peu que les Iroquois et Iroquoises se font servir par leurs esclaves, qu'ils ont en grand nombre tant d'hommes que de femmes.

Continuation sur le même sujet, concernant le mariage des Sauvages.

CHAPITRE X.

Disons un petit mot de leurs mariages. Lorsqu'un garçon a dessein d'épouser une fille, il l'a va voir, il la caresse, mais jamais avec indécence, ce serait un crime parmi eux: il lui parle en particulier, et quand il l'a enfin gagnée, il lui fait des présents de ce qu'ils ont de plus rare; et quand tout est d'accord, il va demeurer dans la cabane de la fille, car la femme ne va point demeurer chez le mari, mais le mari chez la femme.

Parmi les Hurons un mariage n'est pas tenu pour véritable mariage, mais plutôt pour débauche, si les père et mère du jeune homme n'ont demandé aux parents de la fille celle qu'ils désirent avoir pour femme à leurs enfants; ce qui se fait en donnant quelque riche présent aux parents de la fille.

Ils demeurent quelquefois longtemps ensemble avant que de[1] consommer le mariage: et l'on dit une chose admirable des

E iiij

1. Dans l'original: *devant que* le consommer.

Algonquins, qui est, que souvent ils demeurent un an et davantage ensemble, avant que[1] le consommer : il ne se passe rien parmi eux qui ne soit dans l'honnêteté, et rien de dissolu dans ces rencontres, quoi qu'ils soient naturellement grands railleurs, et qu'ils aient plusieurs mots à double entente mais ils ne s'en servent pas dans ces rencontres.

Quoique la polygamie ne soit pas défendue parmi eux, rarement voyez-vous un homme avoir deux femmes, surtout parmi les Hurons et les Iroquois : car cela se rencontre quelquefois chez les Algonquins.

Le divorce n'est point une chose odieuse chez les Sauvages, un homme pouvant répudier facilement sa femme, et la femme son mari (j'entends parler de ceux qui

1. Dans l'original : *devant que* le consommer.

ne sont point chrétiens) cela se fait sans bruit : car quand la femme répudie son mari, elle n'a qu'à lui dire qu'il sorte de sa maison, et il s'en va sans rien dire autre chose, et y laisse tout ce qu'il y a apporté, à la réserve de ses habits. Tout de même, si le mari veut répudier sa femme, il se retire, après lui avoir déclaré qu'il la quitte : s'ils ont des enfants ils demeurent tous à la femme. Ces divorces arrivent rarement, parce que chacun est sur ses gardes, s'empêchant de donner du mécontentement à sa partie, crainte de l'obliger à la séparation.

Ils ne sont pas beaucoup sujets à la jalousie, surtout les Iroquois.

Ils ont des jeux parmi eux de diverses sortes, les plus communs sont les jeux de paille, et le jeu du

E v

plat, et un troisième qu'ils nomment paquessen.

Ce jeu de paille se fait en effet avec de petites pailles qui sont faites exprès, et qui se partagent en trois, comme au hasard, fort inégalement. Nos Français ne l'ont pu encore bien apprendre, il est plein d'esprit; et ces pailles sont parmi eux, ce que les cartes sont parmi nous.

Le jeu du plat sont neuf petits os plats et ronds comme des noyaux de pêche, que l'on aurait lissés et aplatis, qui sont noirs d'un côté, et blancs de l'autre, que l'on remue et que l'on fait sauter dans un grand plat de bois, qu'enfin on arrête en frappant la terre, le tenant avec les deux mains: la perte ou le gain dépend d'un certain nombre qui se trouve tout d'une couleur.

Le jeu paquessen est presque la même chose, sinon qu'on jette ces petits os en l'air avec la main, retombant sur une robe étendue par terre, qui sert comme de tapis ; le nombre tout d'une couleur fait la perte ou le gain.

Ils se festinent[1] aussi les uns les autres, la façon est telle. Celui qui veut faire festin fait mettre une grande chaudière sur le feu, ou deux, ou trois, selon le monde qu'il veut traiter : dans lesquelles chaudières on met de la viande ou du poisson, et ensuite de la farine de blé d'Inde[2] : quand cela est cuit, celui qui fait le festin envoie convier ceux qu'il désire qui y soient : ils y viennent avec un plat et une cuiller. Ils entrent dans la cabane sans dire mot, et s'arrangent sur leurs derrières comme des guenons : cependant

E vj

1. Ils s'offrent un festin.
2. Maïs. L'auteur utilise aussi le nom de gros mil. Le terme *blé d'Inde* réfère encore au blé de l'Amérique.

le maître du festin chante toujours jusqu'à ce que tous les conviés soient entrés, car il ne leur fait aucune cérémonie : alors il prend la parole, et dit, je fais festin : que s'il désire gratifier et faire honneur ou à son fils ou à quelqu'autre, il le déclarera, disant, c'est un tel qui fait festin : alors tous les assistants répondent un certain hô, qui est comme une[1] espèce de remerciement : il continue et dit, il y a tant de chaudières, selon le nombre qu'il y aura : on lui répond encore hô : c'est d'une telle viande, et tuée par un tel : à chaque article on fait toujours la même réponse hô : et ainsi consécutivement il déclare tout ce qu'il y a dans le festin, et on répond toujours la même chose, hô, hô.

Ensuite il dit, je souhaite

1. Le mot espèce dans le texte original est au masculin.

qu'un tel nombre de vous autres chante, un tel, un tel, et un tel : et souvent il commence le premier à chanter, et les uns après les autres chantent jusqu'au nombre qu'il a souhaité.

La personne qui chante se lève, faisant diverses postures et gestes en chantant. Cette façon de chanter n'est point harmonieuse, avec douceur, mais elle est comme de gens qui s'excitent à la colère, et même ils font quelquefois des signes de frapper : ils raconteront dans ces chansons martiales leurs prouesses, et les hommes qu'ils ont tué en guerre, ou les desseins qu'ils ont d'aller en guerre pour venger la mort de quelqu'un de leurs parents, ou de quelque homme considérable. Ce qui les y engage par honneur ; et souvent ceux qui suivent à chanter, s'engagent en chantant de les suivre à la guerre et de mourir avec eux.

Après que tous ont chanté on dresse la chaudière, c'est-à-dire qu'on prend les plats d'un chacun, et on met de la sagamité dedans; s'il y a de la viande on en distribue à chacun de ceux qu'on désire honorer et gratifier un morceau: les morceaux les plus délicats sont pour les capitaines; celui qui fait festin ne mange point, mais il chante pendant que les autres mangent. Si ce sont des Algonquins, ils peuvent emporter leurs plats de sagamité chez eux; mais chez les Iroquois et les Hurons, cela n'est pas permis, il faut tout manger ce qui vous est servi; c'est d'où vient qu'ils portent des plats fort petits: car on n'ose pas sortir de la cabane avant que d'avoir vidé son plat, à moins que de faire quelque petit présent au maître du festin, un couteau, une alène, un pain de pétun. Les femmes y sont moins appelées que les hommes, surtout chez les Iroquois et les Hurons.

Il se fait quelquefois parmi eux des festins bien considérables : il s'en fit un du temps que j'étais aux Hurons, de la chair de cinquante cerfs, dans cinquante chaudières.

Ils ont aussi des danses parmi eux, qui ne ressemblent en rien aux nôtres, car elles ne consistent qu'à une certaine façon de se secouer le corps, frappant des pieds contre terre, et faisant beaucoup d'autres postures avec règle, et à la cadence d'un petit tambour, ou autre instrument, qui fait un petit bruit sourd : ils vont si bien à la cadence, qu'on ne voit point de confusion ni de désordre, quoiqu'ils soient quelquefois plus de deux cents à danser ensemble; ils frappent tous du pied en même temps, et si à propos, que l'on dirait qu'il n'y a qu'une personne qui danse.

Ces danses se sont ordinairement pour quelques réjouissances publiques, comme seraient quelques victoires remportées sur l'ennemi, ou un traité de paix nouvellement conclu; il s'en fait bien aussi quelquefois chez des particuliers entre amis; mais cela n'est pas bien ordinaire.

Les peuples sédentaires ont des officiers pour toute sorte de choses, qu'ils appellent capitaines ou gens considérables; les principaux sont pour la police, les autres pour la guerre; il y en a d'autres qui ne sont que pour avertir, et qui servent comme de tambours et de trompettes : les uns vont crier par les rues du bourg le soir, ou le matin, le nom de ceux qui sont morts, ou le jour ou la nuit ; d'autres ont soin de faire les préparatifs pour brûler les prisonniers : d'autres ont ordre d'avertir de se trouver au Conseil quand il se doit tenir : quelques autres ont charge d'avertir par le bourg quand on doit faire quelques réjouissances ou danses publiques, ainsi de tout le reste, et tout cela sans confusion ni désordre.

Ils n'ont point de religion[1], mais ils sont fort superstitieux, et ajoutent foi à leurs songes : c'est ce qui donne plus de peine aux pères jésuites qui les instruisent.

Ils croient à l'immortalité de l'âme et disent qu'elle va après la mort dans un beau pays ; que

1. Ils ont une croyance appelée animisme qui attribue une âme à tous les objets, les animaux et les phénomènes naturels.

devant que d'y arriver, il faut passer une rivière où il y a un certain qui perce la tête à tous les passants, et leur arrache la cervelle, ce qui fait qu'ils ne se souviennent plus de rien.

Ils ont quantité de fables qu'ils racontent, et en toutes on y remarque toujours quelque chose qui a du rapport à quelques-unes des histoires de l'ancien testament.

Ils ont connaissance des Esprits, ont une grande aversion des sorciers ; et quand quelqu'un en est accusé, et qu'on croit qu'il le soit, il est aussitôt tué ou brûlé comme un ennemi.

Ils sont fort aumôniers[1], et logent facilement les étrangers et voyageurs, sans espérance d'aucun salaire, et il y en a plusieurs qui quittent leurs lits, ou pour

1. Aumôniers utilisé dans le sens de charitables.

mieux dire, la place où ils couchent, leur donnant à manger ce qu'ils ont de meilleur, et cela assez souvent à un homme qu'ils n'ont jamais vu, et qu'ils ne verront peut-être jamais, et qui s'en ira sans leur dire grand merci, cela est particulièrement dans les nations sédentaires.

Quand il y a quelque famille qui est tombée en nécessité de vivres, il y a des capitaines qui vont par le bourg ramasser du blé pour la subsistance de ces pauvres gens, chacun donne, qui plus, qui moins, selon son pouvoir.

Ils ne sont pas vilains les uns envers les autres ; quand ils ont tué ou pêché, ils en font des largesses, soit en faisant festin, ou en envoyant chez les particuliers.

Ils sont pitoyables[1], et se portent compassion les uns aux autres.

---

1. Ils sont pitoyables dans le sens de ils sont portés à la pitié.

Ils aiment fort leurs parents, et les pleurent longtemps après qu'ils sont morts : quand ils les enterrent, ils mettent avec eux ce qu'ils aimaient le plus pendant leur vie, et ce qu'ils estiment de plus précieux parmi leurs meubles.

Ils ont presque tous le sens commun assez bon, et raisonnent fort bien ; cela se voit dans leurs Conseils, et dans leurs harangues qu'ils font souvent en toutes sortes d'occasions.

Tous les Sauvages qui sont proches des Européens deviennent ivrognes, et cela fait bien tort aux nôtres : car de quantité qui étaient fort bons chrétiens, plusieurs se sont relâchés. Les pères jésuites ont fait ce qu'ils ont pu pour empêcher ce mal : car les Sauvages ne boivent que pour s'enivrer; et quand ils ont commencé à boire, ils donneraient tout ce que l'on voudrait pour une bouteille d'eau de vie, afin d'achever de s'enivrer.

La guerre qu'ils se font les uns aux autres, ne se fait point pour conquérir des terres, ni pour devenir plus grands seigneurs, ni même pour l'intérêt, mais par pure vengeance: aussi ne parlent-ils point autrement; car ils disent, je m'en vais en guerre pour venger la mort d'un tel, et c'est d'où vient qu'ils traitent si cruellement leurs prisonniers, et ne visent jamais qu'à détruire et faire périr une nation toute entière.

La manière que les Sauvages font la guerre.

CHAPITRE XI.

Ceux qui vont en guerre ne sont soudoyés de personne; chacun y va à ses dépens, et se doit fournir armes, vivres, munitions, et autres choses nécessaires pour la guerre.

La façon qu'ils font les levées, la voici: un capitaine fait festin, (on appelle cela pendre la chaudière) il invite à son festin tous les jeunes gens de son bourg, il leur déclare qu'il a dessein d'aller en guerre pour venger la mort d'un tel ou d'une telle: il exhorte ceux qui sont de ses amis de l'accompagner : après qu'il a dit le mieux qu'il a pu là-dessus, et que le festin est mangé, chacun s'en va ; après quoi ceux qui ont envie de l'accompagner viennent les uns après les autres lui faire offre de leurs services, en lui disant, un tel mon oncle (car c'est comme ils traitent d'ordinaire ceux qu'ils estiment plus qu'eux) ou bien mon frère (s'ils sont égaux) je viens te dire que je veux risquer avec toi en ton dessein de la guerre.

En même temps chacun fait disposer ses vivres, et on se tient prêt pour le jour assigné du départ.

Quand ils ont de grandes entreprises à faire, cela se délibère longtemps auparavant dans le Conseil des anciens et des principaux capitaines ; et l'affaire étant une fois conclue, et qu'on a choisi celui à qui on veut donner la conduite de l'expédition, un officier va crier par le bourg que l'on va à la guerre, et que l'on exhorte toute la jeunesse à aller dans l'armée. Les capitaines de tous les villages qui ont assisté au Conseil en font faire autant chez eux : à mesure que les jeunes gens délibèrent[1], ils en avertissent le capitaine qui est chef de l'entreprise.

Après cela on envoie des députés avec des présents chez tous les alliés les plus proches, pour les prier de les assister dans leurs desseins. Ils tiennent Conseil là-dessus, ils voient ce qu'ils peuvent donner de monde, ou plutôt ils exhortent leur jeunesse à aller joindre le gros.

Quand ils sont tous assemblés, et qu'ils

1. Dans le texte original : *se délibèrent.*

et qu'ils marchent, ils ont toujours des découvreurs[1] qui vont devant; chaque village qui a fourni du monde, a des capitaines qui les commandent; et tous ces capitaines-là s'assemblent souvent pour tenir conseil sur toutes sortes de choses: car ils ne négligent rien.

Ils exhortent souvent leurs soldats à tenir bon à l'occasion, et ne point s'enfuir, leur représentant que les gens de cœur et de courage ne s'enfuient jamais.

Il n'y a point de châtiment chez eux pour ceux qui se sont enfuis; sinon qu'on les qualifie de poltrons, mais encore tout bas.

Quand ils rencontrent l'ennemi et qu'on est aux prises, les capitaines servent de tambours et de trompettes, et crient sans cesse, courage jeunesse, courage, ils

F

1. Éclaireurs.

sont à nous, que personne ne fuie : cela les anime beaucoup ; car ils respectent fort leurs capitaines.

Ils sont adroits à surprendre, et à dresser une embuscade ; ils ne se prennent pas mal à faire une retraite honorable, quand ils se voient pressés : ils nous l'ont fait voir par expérience.

Ils sont vigoureux d'abord, mais ils ne sont pas de longue résistance. Ce ne sont pas aussi gens à se battre en rase campagne. Ils ne commencent jamais de combats qu'ils ne fassent auparavant un cri tous ensemble, pour étonner leurs ennemis d'abord.

Ils sont adroits à manier les armes à feu, tirent fort bien un coup de fusil.

Ils ont des simples parmi eux, qui sont excellents pour guérir les blessures surtout d'armes à feu.

Ils sont de grande fatigue et bien dispos : ils vont fort bien du pied, et ont une adresse toute particulière à se reconnaître dans les bois, et ne s'y perdent quasi jamais.

De la façon qu'ils traitent les prisonniers de guerre.

CHAPITRE XII.

Quand ils ont pris des prisonniers, ils leur coupent quelques doigts d'abord : ils les lient par les bras et par les jambes avec des cordes : sinon que lorsqu'il faut marcher, ils leur laissent les jambes libres.

Le soir quand ils cabanent, ils font coucher le prisonnier sur le

F ij

dos contre terre, et ils plantent de petits pieux en terre, au droit des pieds, des mains, du cou, et de la tête : ensuite ils lient le prisonnier à ces pieux, de sorte qu'il ne peut remuer : ce qui est une peine plus grande que l'on ne pourrait croire, principalement l'été, à cause des maringouins qui les mangent, car ils sont nus.

Arrivant à l'entrée des bourgades, tout le peuple vient au devant ; il est libre à un chacun de leur faire tout le mal qu'ils voudront, à la réserve de les tuer : alors vous y voyez les uns armés de couteaux, soit pour couper des doigts, ou pour faire des incisions le long des bras, du dos, et autres parties charnues, le prisonnier étant tout nu ; d'autres ont des bâtons de quoi ils le bastonnent. Il y en a qui ont des verges, des ronces et des bouts de corde. Avec tous ces instruments, on le caresse à son entrée; car c'est leur façon de parler.

Il faut pendant tout ce temps-là que le prisonnier chante, s'il veut paraître homme de cœur et de courage. Et en effet, les Sauvages ne manquent jamais de chanter pendant tout le temps qu'on les tourmente; (mais ce chant est un chant lugubre.)

Après qu'ils sont entrés dans le bourg, on les mène de cabane en cabane, chez les principaux, et partout là il faut qu'ils chantent.

Après un jour ou deux qui s'est passé dans ces tristes préludes, les capitaines tiennent Conseil pour le condamner à mort, ou lui donner la vie: s'il est condamné à mort, celui-là à qui il a été donné (car c'est leur coutume

F iij

de les donner pour quelqu'un qui est mort en guerre), celui-là dis-je fait festin; et quand tous les conviés sont assemblés, il leur dit; voilà mon fils ou mon neveu, (selon le degré de parenté que lui était celui pour qui le prisonnier a été donné) qui vous fait son festin d'adieu. C'est leur coutume quand ils entreprennent quelque grand voyage, de faire festin avant que[1] de partir, qu'ils appellent festin d'adieu: ensuite le prisonnier chante, et après lui une partie des conviés chantent aussi.

Après que l'on s'est retiré, on dispose une cabane pour brûler le prisonnier: on y fait quantité de feux; on avertit par le bourg de l'heure que l'on doit commencer à le brûler, afin qu'on s'y trouve.

---

1. Dans le texte original: auparavant que.

Quand l'heure est venue, on y mène le pauvre patient; il a les bras liés au corps au-dessus du coude, et une corde aux jambes environ de deux pieds de long, afin qu'il ne puisse faire de plus grandes enjambées. Tous ces gens sont arrangés des deux côtés de la cabane : vous saurez en passant, qu'ils ne savent ce que c'est que de cheminée, et qu'ils font le feu au milieu de la place.

Ils laissent donc un petit chemin entre les feux qui sont allumés au milieu de la cabane tout au long, d'espace en espace, et entre les hommes qui sont rangés des deux côtés, assis sur le cul comme des singes ; et c'est par où doit courir le prisonnier.

Chacun a un tison bien embrasé, ou un morceau de fer tout rouge de feu : quand tout est disposé,

F iiij

quelques capitaines qui sont au bout de la cabane avec le prisonnier, crient tout haut; voilà le prisonnier qui va partir, que chacun se dispose à bien faire; mais qu'on ne le brûle que jusqu'à la ceinture.

Ensuite on lui fait commandement de partir: ce qu'il fait courant, ou pour mieux dire trotinant le plus vite qu'il peut, entre le feu et ses bourreaux, qui tous le brûlent en passant; les uns aux jambes, les autres aux cuisses: mais cela avec une barbarie qui n'appartient qu'à eux.

Je vous avoue que c'est une vraie représentation de l'enfer; car vous voyez une grande cabane pleine par le milieu de feu, et toute remplie de fumée, où l'on ne voit goutte; car c'est d'ordinaire la nuit que cela se fait: vous y voyez paraître une multitude de monde; les uns sont assis, les autres debouts: les uns servent de bourreaux, les autres de spectateurs, qui se moquent et se rient du pauvre patient. Parmi tout cela, vous voyez un pauvre misérable tout nu et tout grillé, abandonné à la rage de ces barbares.

Après qu'ils lui ont fait faire le nombre des tours de cabane qui a été ordonné par les Anciens, qui est d'ordinaire de dix ou de douze; la nuit étant presque passée, tout le monde se retire, à la réserve de quelques-uns qui demeurent pour garder le prisonnier jusqu'au matin, que se doit faire le reste de l'exécution.

Pendant ce temps-là, il est attaché à un poteau, et pas bien loin d'un grand feu, dans lequel rougissent des haches, dont on se sert

F v

pour le brûler, l'interrogeant de temps en temps de l'état de son pays, et des choses qu'ils désirent savoir : et s'ils voient qu'il leur dissimule quelque chose, ils lui redoublent ses tourments ; c'est à quoi se passe le reste de la nuit.

Le jour étant venu, environ le soleil levant, on avertit les femmes d'aller faire des feux dans la place où est dressé l'échafaut. J'oubliais de dire que dès qu'un prisonnier est arrivé, on lui en dresse un ; soit qu'on le veuille faire mourir, ou non, sur lequel échafaut on le fait monter plusieurs fois le jour, pour être exposé à la vue du peuple.

Quand tous ces feux sont faits, l'on conduit le patient sur cet échafaut, au milieu duquel on a planté une grande perche, ou plutôt un pieu fort haut ; on lui fait embrasser ce pieu, lui liant les deux mains ensemble. La corde pareillement qui lui lie les deux jambes, fait un cercle autour de ce même pieu; de sorte qu'il peut tourner tout à l'entour de ce pieu.

Il est là exposé tout nu; il y a quatre échelles aux quatre côtés de l'échafaut; et pour lors, il est libre à un chacun de monter sur l'échafaut pour le tourmenter. On ne manque pas de bourreaux, car il y en a assez: nous avons remarqué que les plus cruels, sont certains poltrons qui ne vont jamais en guerre.

Ils le montent donc sur l'échafaut, et ils le brûlent avec des tisons; mais avec autant de froideur que si c'était un morceau de bois.

Après deux ou trois heures qu'ils l'ont tourmenté de la sorte,

F vj

et qu'il ne ressemble qu'à un charbon, ils lui écorchent la tête, pour lui lever la chevelure : c'est ce qu'ils font à tous ceux qu'ils tuent en guerre, ou qu'ils brûlent chez eux. Ensuite s'il reste de la vie au patient, ils lui coupent le cou avec un couteau, lui fendent la poitrine, et lui en tirent le cœur ; et si ça été un homme courageux, qui n'ait fait aucun cri pendant qu'on l'a tourmenté, il y en a qui boivent de son sang, pour s'incorporer son courage.

Ensuite on le coupe par quartiers, et on le jette à la voirie ; ou quelquefois ils le font cuire, et le mangent par rage.

Quand les capitaines ont résolu de donner la vie au prisonnier, et que celui à qui il a été donné y consent (car il y peut plus que pas un autre) on va aussitôt le délier, on le publie par le bourg, et pour lors on le traite bien, personne n'oserait plus lui faire de mal, quoiqu'on ne laisse pas de le regarder comme un esclave, et il est obligé de servir celui à qui il a été donné en cette qualité-là. Il est en sûreté pour sa vie, pourvu qu'il ne soit point soupçonné de se vouloir sauver, et qu'il ne désobéisse point à ce qu'on lui commande ; que s'il est soupçonné de se vouloir sauver, aussitôt on lui fend la tête avec une hache : on lui en fait tout autant quand il fait difficulté d'obéir.

Si Dieu nous fait la grâce d'être un jour les maîtres, il sera aisé de leur ôter ces barbares coutumes, et de les rendre plus policées : car comme j'ai déjà dit, ils ont le sens commun fort bon, et ils se laissent assez facilement gagner à la raison et quand ils sont une fois convaincus d'une chose, ils ont peine d'en démordre ; témoins ces pauvres misérables Hurons et Huronnes, qui ont été faits captifs par les Iroquois, et qui avaient été instruits et baptisés par les pères jésuites, qui gardent avec tant de fermeté et de confiance leur religion, au milieu de leurs ennemis, et qui font honte à beaucoup de libertins français, qui ne se sont pas comportés si religieusement parmi les ennemis, comme ces pauvres gens, qui volent de joie quand ils peuvent rencontrer un père jésuite, pour se confesser et recevoir leurs sacrements.

Réponses aux questions qui ont été faites à l'auteur lorsqu'il était en France.

CHAPITRE XIII.

Pendant mon séjour en France, il m'a été fait diverses questions par plusieurs honnêtes gens, concernant le pays de la Nouvelle-France. J'ai cru que j'obligerais le lecteur curieux de les mettre ici, et d'en faire un chapitre exprès, avec les réponses, qui donneront beaucoup d'intelligence et de connaissance à ceux qui ont de l'affection pour ce pays-ci, ou qui souhaiteraient d'y venir.

Je commencerai donc par

une assez commune, qui est, si la vigne y vient bien. J'ai déjà dit que les vignes sauvages y sont en abondance, et que même on en a éprouvé[1] de celles de France, qui y vient assez bien. Mais pourquoi ne faites-vous donc pas des vignes ? Je réponds à cela, qu'il faut manger avant que de boire ; et par ainsi qu'il faut songer à faire du blé avant de planter de la vigne : on se passe mieux de vin que de pain ; c'est tout ce qu'on a pu faire que de défricher des terres pour faire des grains ; et non autre chose.

Le vin y est-il cher ? Je réponds, qu'il y vaut dix sols la pinte ; l'eau de vie y vaut trente sols la pinte, et le vin d'Espagne y vaut autant : la mesure est semblable à celle de Paris.

Le blé y est-il cher ? Le fro-

1. Dans le sens de constater.

ment y vaut cent sols le minot, pesant soixante livres : et quelquefois il vaut six francs.

Les pois y valent un écu le minot, et quelquefois jusqu'à quatre francs.

Les journées des hommes y sont-elles chères ? Vingt sols étant nourris pendant l'hiver, et trente sols étant nourris pendant l'été.

Y a-t-il des chevaux dans le pays ? Je réponds que non.

N'y a-t-il pas des prairies pour faire du foin ? L'avoine n'y vient-elle pas bien ? Parfaitement bien, et il y a de très belles prairies : mais il est assez dangereux d'avoir le foin, tant que les Iroquois nous feront la guerre, et surtout aux habitations des Trois-Rivières et du Mont-Royal : car les faucheurs et les semeurs sont toujours en danger d'être tués par ces Iroquois. Voilà la raison pourquoi on fait moins de foin, quoique nous ayons de belles et grandes prairies, où il y a de très bonne herbe propre à ce faire. Mais il y a encore une autre raison qui empêche d'avoir des chevaux, c'est qu'il coûterait beaucoup à les faire venir de France : il y a peu de personnes qui aient de quoi faire ces dépenses ; et d'ailleurs l'on craint qu'étant venus les Iroquois ne les tuent, comme ils font à nos autres bestiaux, ce qui serait bien fâcheux à celui qui aurait fait la dépense de les faire venir. Et puis on espère toujours que notre bon roi assistera ce pays-ci, et qu'il fera détruire cette canaille d'Iroquois.

Y a-t-il bien des habitants ? À cela je ne peux rien répondre d'assuré, sinon que l'on m'a dit qu'il y en avait environ huit cents à Québec, pour les autres habitations il n'y en a pas tant.

Les habitants ont-ils bien des enfants? Oui, qui viennent[1] bien faits, grands et robustes, aussi bien les filles que les garçons: ils ont communément l'esprit assez bon, mais un peu libertin, c'est-à-dire, qu'on a de la peine à les captiver pour les études.

Pourquoi ne fait-on pas quantité de chanvre puisqu'il vient[2] si bien? La même raison que j'ai apporté pour la vigne, je l'apporte pour le chanvre, savoir que nous n'avons songé qu'au blé jusqu'à maintenant, comme le plus nécessaire. J'ajoute seulement que nous sommes trop peu de monde: car après la défaite de l'Iroquois, il ne manquera que

---

1. Dans le sens de grandit.
2. Dans le sens de pousser.

des habitants ici, pour y avoir tout ce que l'on y peut souhaiter.

Quelle boisson boit-on à l'ordinaire ? Du vin dans les meilleures maisons, de la bière dans d'autres : un autre breuvage qu'on appelle du bouillon, qui se boit communément dans toutes les maisons ; les plus pauvres boivent de l'eau, qui est fort bonne et commune en ce pays-ci.

De quoi sont bâties les maisons ? Les unes sont bâties toutes de pierre, et couvertes de planches ou ais[1] de pin ; les autres sont bâties de colombages ou charpente, et maçonnées entre les deux ; d'autres sont bâties tout à fait de bois ; et toutes les dites maisons se couvrent comme dit est, de planches.

Le chaud en été y est-il bien grand ? Il y est environ comme

1. Du latin *axis* : planche. Aix dans le texte original.

dans le pays d'Aunis.

Les froids y sont-ils grands l'hiver? Il y a quelques journées qui sont bien rudes, mais cela n'empêche point que l'on ne fasse ce que l'on a à faire; on s'habille un peu plus qu'à l'ordinaire; on se couvre les mains de certaines moufles, appelées en ce pays-ci des mitaines: l'on fait bon feu dans les maisons, car le bois ne coûte rien ici qu'à bûcher et à apporter au feu. On se sert de bœufs pour le charrier sur certaines machines qu'on appelle des traînes: cela glisse sur la neige, et un bœuf seul en mène autant que deux bœufs feraient en été dans une charrette. Et comme j'ai déjà dit, la plupart des jours sont extrêmement sereins, et il pleut fort peu pendant l'hiver. Ce que j'y trouve de plus importun, c'est qu'il faut nourrir les bestiaux[1] à l'étable plus de quatre mois, à cause que la terre est couverte de neige pendant ce temps-là : si la neige nous cause cette incommodité, elle nous rend d'un autre côté un grand service, qui est qu'elle nous donne une facilité de tirer les bois des forêts, dont nous avons besoin pour les bâtimens, tant de terre que d'eau, et pour autres choses. Nous tirons tout ce bois de la forêt, par le moyen de ces traînes dont j'ai parlé, avec grande facilité, et bien plus commodément, et à beaucoup moins de frais, que si c'était en été par charrette.

L'air y est extrêmement sain en tout temps : mais surtout l'hiver ; on voit rarement des maladies en ces pays-ci ; il est peu sujet aux bruines et aux brouillards ;

1. Les bestiaux sont les animaux de ferme qui servent au labourage ou à la nourriture de l'homme. Pour Pierre Boucher, ce terme exclut le cheval qui n'arrivera de France qu'en 1665.

l'air y est extrêmement subtil. À l'entrée du golfe et du fleuve, les bruines y sont fréquentes, à cause du voisinage de la mer : on y voit fort peu d'orages.

Mais quel profit peut-on faire là ? Qu'en peut-on tirer ? C'est une question qui m'a été faite souvente fois, et qui me donnait envie de rire, toutes les fois qu'on me la faisait : il me semblait voir des gens qui demandaient à faire récolte avant que d'avoir semé. Après avoir dit que le pays est bon, capable de produire toutes sortes de choses comme en France, qu'on s'y porte bien, qu'il ne manque que du monde, que le pays est extrêmement grand, et qu'infailliblement il y a de grandes richesses que nous n'avons pas pu découvrir, parce que nous avons un ennemi qui nous tient resserré dans un petit coin, et nous empêche de nous écarter pour faire aucune découverte. Ainsi il faudrait qu'il fût détruit, qu'il vint beaucoup de monde en ce pays-ci et puis on connaîtrait la richesse du pays : mais pour faire cela, il faut que quelqu'un en fasse la dépense : mais qui la fera, si ce n'est notre bon roi ? Il a témoigné le vouloir faire, Dieu lui veuille continuer sa bonne volonté.

Les Anglais, nos voisins, ont fait d'abord de grandes dépenses pour les habitations là où ils se sont placés ; ils y ont jeté force monde, et l'on y compte à présent cinquante mille hommes portant les armes : c'est merveille que de voir leurs pays à présent ; l'on y trouve toutes sortes de choses comme en Europe, et à la moitié meilleur marché.

---

* Dans le livre original, l'imprimeur a numéroté cette page 344 au lieu de 144.

ché. Ils y bâtissent quantité de vaisseaux de toutes façons: ils y font valoir les mines de fer: ils ont de belles villes: il y a messagerie et poste de l'une à l'autre: ils ont des carrosses comme en France: ceux qui ont fait les avances trouvent bien à présent leurs comptes: ce pays-là n'est pas autre que le nôtre: ce qui se fait là, se peut faire ici.

Cela n'empêchera pas que je ne vous dise ce que je crois que l'on peut faire, et dont l'on peut tirer beaucoup de profit: premièrement la pêche de la morue, qui est abondante à l'entrée du fleuve, aux environs de Gaspé.

Secondement les huiles, tant de loups-marins, que de marsoins, dont il y a abondance dans le fleuve Saint-Laurent, comme j'ai déjà dit. Il est vrai qu'il y a

G

quelque dépense à faire pour cela mais elle ne serait pas considérable, à l'égal du grand profit qu'on en peut espérer.

Il y a des mines de fer, de cuivre, d'étain, d'antimoine et de plomb ; plusieurs croient qu'il y a aussi des soufrières.

J'ai parlé à un faiseur de salpêtre[1], qui m'a dit qu'on en trouverait ici d'aussi bon, qu'en aucun lieu du monde, et en quantité.

Pour le charbon de bois de cèdre, il est sans comparaison beaucoup meilleur qu'aucun, dans la composition de la poudre et des artifices.

De plus, les bois qui sont ici en si grande abondance, ne peuvent-ils pas jeter un grand profit, soit pour les bâtiments de mer, ou autres ouvrages, à quoi ils peuvent être utiles.

---

1. Pierre Boucher est ici mal informé car il n'y a pas de salpêtre (nitrate de potassium) dans l'Est du Canada ni de soufrières.

La terre étant bonne, ne peut-elle pas donner un grand profit, non seulement pour toute sorte de grains qu'on pourrait tirer abondamment, mais pour les chanvres et les lins, qui viennent bien? On en peut faire en abondance, et en faire par conséquent grand profit.

Je ne parle point de l'abondance des animaux qui s'y peuvent nourrir, comme de beaucoup d'autres choses que vous voyez aussi bien que moi, après la description que je vous ai faite.

Toutes les rivières sont-elles navigables? Je réponds que oui, avec les canots sauvages; mais non pas avec nos bâtimens. Les navires ne peuvent pas passer Québec, à ce que l'on croit, les barques et chaloupes ne peuvent pas aller plus loin que Mont-

G ij

Royal ; du Mont-Royal jusque dans le lac des Iroquois, il se trouve quarante lieues de rapides, que l'on ne peut monter qu'avec des canots, et des bateaux plats : encore les faut-il tirer, comme on tire les bateaux en montant le long de la Seine. Après quoi dans tous ces grands lacs, on y peut aller avec barques et chaloupes.

Ce qui empêche nos rivières d'être navigables, ce sont des chutes d'eau qui se rencontrent par endroits, ou des rapides : et cela aux unes plus qu'aux autres ; car à la rivière du Saguenay, on va jusqu'à quarante ou cinquante lieues avec une double chaloupe ; et au contraire, dans la rivière des Trois-Rivières, l'on n'y va pas plus de quatre lieues : si ce pays-ci était habité, je ne doute pas que l'on ne rendît navigable plusieurs rivières qui ne le sont point, et cela à peu de frais : car il y a telle rivière, où il n'y a qu'un rapide d'un quart de lieue, après lequel on pourrait aller bien loin : cependant, cela la rend inaccessible à nos bâtimens.

Il me semble que j'entends quelqu'un qui dit, vous nous avez beaucoup dit de bien de la Nouvelle-France, mais vous ne nous en faites point voir les maux, ni es incommodités : cependant, nous savons bien qu'il n'y a point de pays au monde, quelque bon qu'il puisse être, où il ne se rencontre quelque chose de fâcheux. Je vous réponds que vous avez raison : ça été aussi mon dessein dans tout mon discours, de vous en donner la connaissance : mais afin de vous les faire mieux concevoir, je mettrai ici en détail ce

G iij

que je juge de plus incommode ou importun, que je réduirai à quatre ou cinq chefs.

Le premier sont les Iroquois nos ennemis, qui nous tiennent resserrés de si près, qu'ils nous empêchent de jouir des commodités du pays : on ne peut aller à la chasse, ni à la pêche, qu'en crainte d'être tué, ou pris de ces coquins-là : et même on ne peut labourer les champs, et encore bien moins faire les foins, qu'en continuel risque[1] : car ils dressent des embuscades de tous côtés, et il ne faut qu'un petit buisson pour mettre six ou sept de ces barbares à l'abri, ou pour mieux dire à l'affût, qui se jettent sur vous à l'improviste, soit que vous soyez à votre travail, ou que vous y alliez. Ils n'attaquent jamais qu'ils ne se voient les plus forts ; s'ils sont les

1. Le mot risque dans le texte original est au féminin : *continuelle risque*.

plus faibles, ils ne disent mot: si par hasard ils sont découverts, ils quittent tout, et s'enfuient; et comme ils vont bien du pied, il est malaisé de les attraper: ainsi vous voyez que l'on est toujours en crainte, et qu'un pauvre homme ne travaille point en sûreté, s'il s'écarte un peu au loin. Une femme est toujours dans l'inquiétude que son mari, qui est parti le matin pour son travail, ne soit tué ou pris, et que jamais elle ne le revoie: c'est la cause que la plupart des habitants sont pauvres, non seulement pour la raison que je viens de dire, qu'on ne peut pas jouir des commodités du pays; mais parce qu'ils tuent souvent le bétail; empêchent quelquefois de faire les récoltes, brûlent et pillent d'autres fois les maisons quand ils les peuvent surprendre.

G iiij

Ce mal est grand, mais il n'est pas sans remède, et nous l'attendons de la charité de notre bon roi, qui m'a dit qu'il voulait nous en délivrer. Ce n'est pas une chose bien malaisée, puisqu'ils ne sont pas plus de huit à neuf cents hommes portant les armes. Il est vrai qu'ils sont soldats, et bien adroits dans les bois ; ils l'ont fait voir à nos capitaines venus de France, qui les méprisaient : les uns y sont demeurés, et les autres ont été contraints d'avouer qu'il ne faut point se négliger, quand on va à la guerre contre eux ; qu'ils entendent le métier, et qu'ils ne sont point barbares en ce point ; mais après tout, mille ou douze cents hommes biens conduits, feraient dire ; ils ont été, mais ils ne sont plus ; cela mettrait la réputation des Français bien haut dans tout le pays de la Nouvelle-France, d'avoir exterminé une nation qui en a fait tant périr d'autres, et qui est la terreur de tous ces pays-ci.

La seconde incommodité que je trouve ici sont des maringouins, autrement appelés cousins, qui sont en grande abondance dans les forêts, pendant trois mois de l'été : il s'en trouve peu dans les campagnes, à raison qu'ils ne peuvent résister au vent ; car le moindre petit vent les emporte : mais dans les bois, où ils sont à l'abri, ils y sont étrangement importuns ; surtout le soir et le matin ; ils piquent plus vivement quand ils sentent de la pluie que en tout autre temps. Il s'est trouvé des personnes qui en avaient le visage extrêmement enflé ; mais cela ne dure pas, car au bout de vingt-quatre

G v

heures, il n'y paraît quasi plus, la fumée les fait fuir; c'est pourquoi on fait toujours du feu et de la fumée proche de soi, quand on couche dans le bois.

La troisième incommodité que je rencontre, c'est la longueur de l'hiver, surtout devers Québec. Je n'en parlerai pas davantage, vu que j'en ai dit assez ci-dessus: je dirai seulement que les neiges y sont de trois à quatre pieds de haut, je dis à Québec: car aux autres habitations, il y en a beaucoup moins, comme j'ai déjà dit.

Dans le pays des Iroquois, s'y trouvent de certaines couleuvres, qu'on appelle des serpents à sonnettes, qui sont dangereuses pour leurs morsures; j'en ai déjà parlé, ainsi je n'en dirai rien davantage, sinon qu'il n'y en a point dans ces quartiers-ci : voilà les plus grandes incommodités dont j'ai connaissance.

Voici encore une question qui m'a été faite, savoir comme on vit en ce pays-ci ; si la justice s'y rend ; s'il n'y a point bien du libertinage, vu qu'il y passe, dit-on, quantité de garnements, et des filles mal vivantes.

J'y répondrai à tous les points l'un après l'autre, et je commencerai par le dernier. Il n'est pas vrai qu'il vienne ici de ces sortes de filles, et ceux qui en parlent de la façon se sont grandement mépris, et ont pris les îles de Saint-Christophe[1] et la Martinique pour la Nouvelle-France : s'il y en vient ici, on ne les connaît point pour telles ; car avant que de les embarquer, il faut qu'il y ait quelques-uns de leurs parents ou amis, qui

G vj

1. Îles des Antilles entre Porto-Rico et la Guadeloupe, nommées aujourd'hui Saint Kitts et Niévès (Saint Kitts and Nevis).

assurent qu'elles ont toujours été sages : si par hasard il s'en trouve quelques-unes de celles qui viennent, qui soient décriées, ou que pendant la traversée elles aient eu le bruit de se mal comporter, on les renvoie en France.

Pour ce qui est des garnements, s'il y en passe, c'est qu'on ne les connaît pas ; et quand ils sont dans le pays, ils sont obligés de vivre en honnêtes gens, autrement il n'y aurait pas de jeu pour eux : on sait aussi bien pendre en ce pays-ci qu'ailleurs, et on l'a fait voir à quelques-uns, qui n'ont pas été sages.

Pour la justice, elle se rend ici ; il y a des juges : et quand on ne se trouve content, on en appelle devant le gouverneur, et un Conseil souverain établi par le Roi à Québec.

Jusqu'à cette heure on a vécu assez doucement parce que Dieu nous a fait la grâce d'avoir toujours des gouverneurs qui ont été gens de bien, et d'ailleurs nous avons ici les pères jésuites qui prennent un grand soin d'instruire le monde : de sorte que tout y va paisiblement ; on y vit beaucoup dans la crainte de Dieu, et il ne se passe rien de scandaleux qu'on n'y apporte aussitôt remède : la dévotion est grande en tout le pays.

Suite du même sujet.
CHAPITRE XIV.

Plusieurs personnes qui après avoir entendu discourir de la Nouvelle-France, soit qu'ils leur prirent envie d'y venir, ou non, faisaient cette question : Pensez-vous que je fusse propre pour ce pays-là ? que faudrait-il faire pour y aller habiter ? si j'y portais quatre ou cinq mille francs, pourrais-je avec cela m'y accommoder honnêtement ? et ensuite beaucoup d'autres questions que je mettrai les unes après les autres, après avoir répondu à celle-ci.

Vous me demandez premièrement si vous êtes propre pour ce pays ? La réponse que je vous fais, c'est que ce pays-ci n'est pas encore propre pour les personnes de condition qui sont extrêmement riches, parce qu'ils n'y rencontreraient pas toutes les douceurs qu'ils ont en France : il faut attendre qu'il soit plus habité, à moins que ce ne fussent des personnes qui voulussent se retirer du monde, pour mener une vie plus douce et plus tranquille, hors de l'embarras : ou quelqu'un qui eut envie de s'immortaliser par la bâtisse de quelques villes, ou autres choses de considérable dans ce nouveau monde.

Les personnes qui sont bonnes dans ce pays-ci, sont des gens qui mettent la main à l'œuvre, soit pour faire, ou pour faire faire leurs habitations, bâtiments et autres choses : car comme les journées des hommes sont extrêmement chères ici, un homme qui ne prendrait pas soin, et qui n'y ferait pas d'économie se ruinerait ; mais pour bien faire, il faut toujours commencer par le défrichement des terres, et faire une bonne métairie, et par après on songe à autres choses ; et ne pas faire comme quelques-uns que j'ai vu, qui ont dépensé tous leurs biens à faire faire de beaux bâtiment qu'ils ont été contraints de vendre après, à beaucoup moins qu'ils ne leur avaient coûté.

Je suppose que je parle à des personnes qui ne viennent s'établir dans le pays à autre dessein que d'y faire un revenu, et non pas pour y faire marchandise.

Il serait bon qu'un homme qui viendrait pour habiter apportât des vivres du moins pour un an ou deux, si faire se peut; surtout de la farine, qu'il aura à beaucoup meilleur marché en France, et même n'est pas assuré d'en trouver toujours ici pour son argent; car s'il venait grand monde de France sans en apporter, et qu'il arrivât une mauvaise année pour les grains, comme Dieu nous en garde, ils se trouveraient bien empêchés.

Il est bon aussi de se fournir de

hardes, car elles valent ici le double qu'en France.

L'argent y est aussi plus cher, il y a hausse du quart, en sorte qu'une pièce de quinze sols en vaut vingt : ainsi à proportion du reste.

Un homme qui aurait de quoi, je lui conseillerais d'amener ici deux bons hommes de travail pour défricher les terres, ou davantage même, s'il a le moyen : c'est pour répondre à la question, si une personne qui employerait trois ou quatre mille francs, pourrait faire quelque chose ; il se mettrait en trois ou quatre ans bien à son aise, pourvu qu'il veuille user d'économie, comme j'ai déjà dit.

La plupart de nos habitants qui sont ici, sont des gens qui sont venus en qualité de serviteurs, et après avoir servi trois ans chez un maître, se mettent à eux ; ils n'ont pas travaillé plus d'une année qu'ils ont défriché des terres, et qu'ils recueillent du grain plus qu'il n'en faut pour les nourrir. Quand ils se mettent à eux, d'ordinaire ils ont peu de chose, ils se marient ensuite à une femme qui n'en a pas davantage; cependant en moins de quatre ou cinq ans vous les voyez à leur aise, s'ils sont un peu gens de travail, et bien ajustés pour des gens de leur condition.

Tous les pauvres gens seraient bien mieux ici qu'en France, pourvu qu'ils ne fussent pas paresseux; ils ne manqueraient pas ici d'emploi, et ne pourraient pas dire ce qu'ils disent en France, qu'ils sont obligés de chercher leur vie, parce qu'ils ne trouvent personne qui leur veuille donner de la besogne; en un mot, il ne faut personne ici, tant homme que femme, qui ne soit propre à mettre la main à l'œuvre, à moins que d'être bien riche.

Le travail des femmes consiste dans le soin de leurs ménages, à nourrir et à panser leurs bestiaux; car il y a peu de servantes ici; ainsi les femmes sont contraintes de faire leurs ménages elles-mêmes: toutefois ceux qui ont de quoi prennent des valets, qui font ce que ferait une servante.

Remarques qui ont été omises aux chapitres précédents.

CHAPITRE XV[1].

Puisqu'il me reste encore un peu de temps, je ferai ce

1. Erreur typographique dans l'édition originale, il y est inscrit chapitre XII au lieu de XV.

chapitre de diverses choses que j'ai omises dans les précédents, qui ne seront pas désagréables au lecteur curieux.

Cette fontaine dont j'ai parlé ci-devant, qui est dans le pays des Iroquois et dont ils se servent comme d'huile, quand on la remue avec un bâton, elle jette comme des flammes, mais comme j'ai déjà dit, elle n'est point bonne à brûler ni à manger, mais simplement à graisser.

Cette mine de plomb[1], dont j'ai parlé qui n'est pas bien loin d'ici, rend soixante et quinze pour cent ; et les Iroquois coupent de ce rocher, avec leurs haches, et en font de petits bâtons carrés qu'ils coupent de longueur, pour s'en servir à tirer quand ils vont en guerre, lorsque les balles leur manquent.

---

1. Le minérai de plomb est de la galène, un sulfure de plomb : PbS.

Dans le lac Supérieur, il y a une grande île, qui a environ cinquante lieues de tour, dans laquelle il y a une fort belle mine de cuivre rouge ; il s'en trouve en divers endroits de gros morceaux tout rafinés.

Il y a d'autres endroits de ces quartiers-là, où il y a de pareilles mines, ainsi que j'ai appris de quatre ou cinq Français, qui en sont revenus depuis peu, qui étaient allés là en la compagnie d'un père jésuite, qui y était allé en mission, et qui y est mort. Ils y ont passé trois ans, avant que de trouver l'occasion de s'en revenir : ils m'ont dit qu'ils ont vu un lingot de cuivre tout rafiné, qui est le long d'une côte, et qui pèse plus de huit cents livres, selon leur estime : ils disent que les Sauvages en passant, font du feu dessus, après quoi ils en coupent des morceaux avec leurs haches ; un d'entre eux en voulut faire de même, il y cassa toute sa hache : le chemin ne serait pas malaisé, si nous étions les maîtres des Iroquois, et qu'on pût passer par-devant leur grand lac.

Ils m'ont appris de plus, qu'il se trouve là de belles pierres bleues, qu'on croit être des turquoises[1].

Il se trouve aussi des pierres vertes, comme des émeraudes[2].

Il y a aussi des diamants[3] ; mais je ne sais pas s'ils sont fins : ils n'ont pu aller jusqu'au lieu où ces pierres sont, les Sauvages ne les y voulant pas conduire sans récompense, vu que c'était un peu loin : eux se trouvant dans la nécessité, n'osèrent en faire la dépense, ne s'y connaissant pas assez

---

1. Il s'agit probablement d'azurite, un carbonate de cuivre hydraté d'un très beau bleu.
2. Malachite, autre carbonate de cuivre hydraté d'un vert émeraude, souvent associé à l'azurite.
3. Boucher, comme Cartier et Champlain, s'illusionne. Il s'agit de quartz (SiO_2), connu communément sous le nom de cristal de roche.

pour savoir si elles étaient bonnes, ou non.

Il se trouve aussi des pierres rouges de deux sortes; les unes de rouge écarlate, et les autres d'un rouge de sang de bœuf; les Sauvages s'en servent pour faire des calumets ou pipes, pour prendre leur tabac, dont ils font bien de l'état.

Il se rencontre aussi des teintures, de toutes sortes de couleurs, dont les Sauvages se servent; desquelles je ne ferai pas une grande description, pour n'en avoir pas une parfaite connaissance, sinon d'une petite racine de bois, dont ils se servent pour teindre en couleur de feu, qui a la couleur bien vive. Pour les autres couleurs, ils se servent d'herbes, de pierres et de terre. Tout ce que je puis dire, c'est que la plupart de leurs couleurs me semblent bien belles, et bien vives : je leur ai vu du bleu semblable à notre azur, et je ne sais pas si ce n'en est point.

Dans le pays des Iroquois, savoir aux Onontagués[1], il se trouve une pierre de craie blanche, dont les Hollandais en ont été quelques fois quérir et ont dit aux Sauvages que c'était pour blanchir leurs linges.

Au lac Saint-François, qui est environ quatorze ou quinze lieues au-dessus du Mont-Royal, il se trouve une des belles chênaies qui soit dans le monde, tant pour la beauté des arbres, que pour sa grandeur : elle a plus de vingt lieues de long, et l'on ne sait pas combien elle en a de large.

FIN.

---

1. Onondaga en anglais.

TABLE DES CHAPITRES.

1. Erreur typographique : le numéro de page inscrit dans l'édition originale est 153.

ANNEXE

Biographie de Pierre Boucher par Raymond Douville[1]

BOUCHER, PIERRE, interprète, soldat, gouverneur de Trois-Rivières, juge royal, fondateur et seigneur de Boucherville, baptisé à Mortagne, au Perche (Maine, France), le 1er août 1622, fils de Gaspard Boucher et de Nicole Lomer (Lemaire), décédé à Boucherville le 19 avril 1717.

Ayant répondu à l'appel de son compatriote Robert Giffard, Gaspard Boucher vend sa ferme de Mortagne le 1er février 1634. Bien que nous n'ayons pas, pour préciser le moment de son passage en Nouvelle-France, d'engagement écrit de sa part envers Giffard, il est possible qu'il se soit embarqué pour Québec dès 1634. Quelques historiens ont émis l'opinion que c'est lors de ce premier voyage qu'il emmena son épouse, Nicole Lomer et ses enfants : Pierre, l'aîné, Nicolas, Marie et Marguerite, tous quatre baptisés à Mortagne ; la fille cadette, Madeleine,

1. Raymond Douville, « Boucher, Pierre », dans *Dictionnaire biographique du Canada*, vol. 2, Université Laval et University of Toronto, 1969, p. 86-91 ou http ://www.biographi.ca/fr/bio/boucher_pierre_2F.html.

Pierre Boucher
BANQ, 52327/1956765.

naquit on ne sait où, peut-être au cours de la traversée. Alfred Cambray, partisan de l'arrivée de la famille en 1634, est d'avis qu'elle était sur le navire commandé par le capitaine de Ville, sur lequel se seraient également trouvés l'abbé Jean Le Sueur et Jean Bourdon. Par ailleurs, Mme Pierre Montagne affirme que ces deux derniers passagers accompagnaient Robert Giffard et sa famille sur le navire commandé par le capitaine de Nesle. Mme Montagne laisse aussi vaguement entendre que la famille Boucher était du groupe de 1634.

Dans un mémoire rédigé en 1695, Pierre Boucher affirme qu'il a été emmené au pays en 1635, à l'âge de 13 ans. Si Gaspard vint en 1634, il a pu retourner l'année suivante chercher sa famille et ses bagages ; c'est au cours de ce voyage qu'il aurait eu une altercation avec son compatriote Thomas Giroux. L'acte de Guillaume Tronquet qui rapporte cet incident, daté du 12 septembre 1638, précise que Boucher et sa famille ont fait la traversée sur un navire commandé par le capitaine de Ville. Or les quatre navires de 1634 étaient commandés par Du Plessis-Bochart, Nesle, Bontemps et Lormel. Le capitaine de Ville a pu commander un des « huit forts navires » dont parle la Relation de 1635 à la date du 4 juillet, et dont six mouillèrent à Tadoussac avant de se rendre à Québec.

Gaspard Boucher, menuisier de profession, est embauché par les Jésuites pour travailler sur leur ferme de Notre-Dame-des-Anges. On a prétendu que les religieux se sont chargés de l'instruction des enfants, et en particulier de celle de Pierre. Pourtant, dans les actes qui les concernent, les sœurs de ce dernier affirment ne savoir ni écrire ni signer. C'est surtout en Huronie que Pierre a été l'élève des Jésuites. Il part pour ce pays en 1637 et il y séjourne jusqu'en 1641, comme aide des missionnaires. Pendant ces quatre années, il partage la vie des Indiens, observe leurs mœurs, apprend leurs dialectes. Le 11 avril 1640, à Téanaostaiaé (Saint-Joseph II), il est sérieusement blessé à un bras lors d'une révolte des Hurons, pendant que les pères de Brébeuf et Chaumonot sont roués de coups et menacés du bûcher.

Dès le retour de Pierre Boucher à Québec, le gouverneur Huault de Montmagny l'attache à son service comme soldat, mais surtout à titre d'interprète et d'agent auprès des tribus indiennes. En cette qualité, il participe à tous les pourparlers des autorités avec les indigènes, et il acquiert une précieuse expérience qui lui servira toute sa vie. Partout il accompagne le gouverneur, qui lui procure vite de l'avancement. De soldat il passe caporal, puis peu après sergent. On le retrace à Ville-Marie le 18 mai 1642, à la fondation de ce poste. Le 20 août suivant, à l'embouchure du Richelieu, il participe au combat que doit livrer la petite troupe française contre les Iroquois. Boucher admire fort « le courage et la bonne conduite » du gouverneur, de même que son habileté diplomatique dans les négociations de paix. Nommé en 1644 interprète officiel et commis au fort de Trois-Rivières, Boucher se rend vite indispensable. Il joue un rôle actif, particulièrement lors des importantes négociations de 1645 dont le chef agnier Kiotseaeton est la figure dominante. C'est Pierre Boucher, accompagné de son beau-frère Toussaint Toupin et d'un Agnier, qui, le 23 janvier 1646, apporte à Québec les lettres qui réfutent les fausses allégations du Huron Tandihetsi concernant le traité conclu. Le 14 février suivant, Boucher ramène à Trois-Rivières les Hurons qui avaient apporté à Québec la nouvelle de la mort du père Anne de Nouë. Il est déjà l'homme-clef du bourg de Trois-Rivières.

Les parents de Pierre Boucher viennent s'installer à Trois-Rivières peu après sa nomination. La première mention de Gaspard à cet endroit est du 21 mars 1646, lorsque le gouverneur lui octroie une concession de 24 arpents entre les terres de Jean-Paul Godefroy et celles d'Étienne de La Fond. Ce dernier avait épousé à Québec le 30 janvier 1645 Marie, sœur de Pierre Boucher. Incidemment, il est étonnant qu'on ne puisse nulle part trouver trace des dernières années et de la mort de Gaspard Boucher et de son épouse. Pierre Boucher lui-même n'y fait jamais allusion. Le 19 juin 1652, Nicole Lemer est signalée comme marraine à Trois-Rivières ; il n'est plus question d'elle par la suite. Quant à Gaspard, on a prétendu qu'il était mort dans l'incendie de sa maison, sur la foi d'une déclaration plutôt ambiguë de sa fille Madeleine, qui affirme le 27 juin 1668 que le titre de concession de 1646 « a été bruslé avec la maison dudict Gaspard Boucher, dans lequel il était [...] ». On ignore s'il s'agit du titre de concession ou du propriétaire lui-même, bien que, s'il s'était agi de ce dernier, les Relations ou le registre paroissial l'eussent signalé. La dernière mention de Gaspard Boucher est du 20 mai 1662, alors qu'il intente une poursuite contre Jacques Besnard. À cette date, Pierre Boucher est en France.

À partir de 1645, Pierre Boucher demeure en permanence à Trois-Rivières. Il participe à la défense du fort, en butte aux attaques iroquoises. En 1646, il accompagne ses concitoyens, soldats improvisés pour la plupart, sur la rivière Puante (Bécancour) où on a décelé la présence d'Indiens ennemis. « Nous perdîmes du monde, écrira-t-il plus tard, les ennemis s'étant retirés sans perte par la mauvaise conduite de ceux qui nous commandaient ». Dès lors se dessine, aiguisé par l'état de guerre continuel, son tempérament de chef. En 1648 et 1649, la petite colonie française des rives du Saint-Laurent est plus que jamais menacée d'anéantissement. Ville-Marie n'est plus un poste sûr ; on ne peut compter que sur le bourg de Trois-Rivières « pour empêcher l'ennemi de se jeter sur Québec sans défense et dont la prise serait la ruine du pays ». Le gouverneur de Trois-Rivières, en ces années de détresse, est Jacques Leneuf de La Poterie, plus commerçant que militaire et qui d'ailleurs est souvent absent. Louis d'Ailleboust vient de remplacer Montmagny comme gouverneur, et une rapide visite à Trois-Rivières le convainc que Pierre Boucher est le vrai chef, de la bourgade. Il le nomme « capitaine du bourg » et a avec lui de sérieux entretiens, à l'issue desquels il lui demande de préparer un plan de défense dont la mise en œuvre fera plus tard l'objet d'une ordonnance officielle.

L'idée de Pierre Boucher est d'opérer le plus tôt possible une transformation radicale des habitations, jusque-là éparpillées au petit bonheur, « qui deçà, qui delà, suivant l'affection et la commodité d'un chacun », écrit l'auteur de la Relation. En effet un plan reconstitué des concessions de l'époque montre celles-ci s'étendant sur à peu près la superficie de la basse ville actuelle. Cette population éparse est une cible trop facile pour les Iroquois. Boucher suggère, et l'ordonnance lui en donnera l'autorisation, de concentrer les habitations et d'enfermer les familles dans une enceinte de solides palissades, sur lesquelles veilleront continuellement des corps de gardes dont le gouverneur a recommandé la formation. Chaque habitant doit contribuer à la construction de l'enceinte, s'exercer au maniement des armes et faire le guet à tour de rôle. Quelques-uns cherchent, sous divers prétextes, à se soustraire aux ordres. Mais le capitaine est implacable. Chacun doit fournir ses heures de corvée et toutes les familles doivent se résigner à vivre à l'intérieur de la palissade. Cette initiative marque le premier essai sérieux pour organiser la défense du bourg par ses propres habitants.

Le 6 juin 1651, Pierre Boucher est confirmé dans ses fonctions de capitaine du bourg. Du Plessis-Kerbodot [Guillemot] en est le gouverneur intérimaire en même temps qu'il commande le camp volant. Les attaques récentes, les cadavres de colons trouvés chaque jour dans leur champ, et surtout la mort de quatre habitants du Cap, dont le notaire Florent Boujonnier, révoltent le gouverneur qui décide une sortie massive pour exterminer les hordes iroquoises. Le capitaine Boucher s'y oppose, redoutant un échec, et lui-même reste à l'intérieur du fort avec quelques hommes valides. Ce conflit d'autorité se soldera par l'hécatombe du

19 août 1652, alors que 22 colons et soldats, y compris le gouverneur, sont massacrés dans les bois environnants.

À la suite de cette défaite, les habitants croient la situation désespérée. La plupart des chefs de famille ont péri. Des 40 premiers habitants trifluviens, il n'en reste pas 10. Toute la colonie, surtout la population de Québec, est aux abois. Les autorités se demandent s'il ne faudra pas quitter le pays. La panique gagne même ceux qui ont mis leur foi en la Providence. La mère Catherine de Saint-Augustin [Simon] écrit, au nom de sa communauté : «Nous ne nous pressons pas pour achever le reste de nos bâtimens à cause de l'incertitude où nous sommes si nous demeurerons longtemps icy». Marie de l'Incarnation [Guyart*] est plus explicite encore : «L'on projette de tout quitter, écrit-elle, et de faire venir des vaisseaux de France pour sauver ceux qui ne seraient pas tombés en la puissance de nos ennemis». Pierre Boucher lui-même fait écho à cette possibilité. Une ordonnance qu'il émet le 10 août 1653 renferme ces lignes : «Malgré l'incertitude des temps causée par l'ennemi, étant en doute si on doit vider le pays ou non... » Pourtant lui-même se refuse à désespérer et il aura bientôt l'occasion de mettre son système de défense à l'épreuve, d'autant mieux qu'il reçoit une commission de gouverneur intérimaire, en l'absence de Jacques Leneuf.

Le 23 août 1653, un an après le massacre de Du Plessis-Kerbodot et de ses hommes, une troupe de 600 Iroquois, divisés en trois bandes, encercle le poste trifluvien. Les Indiens utilisent leur technique habituelle. Ils enlèvent les animaux, brûlent les moissons et les bâtisses à l'extérieur du fort. Puis ils s'attaquent à celui-ci, où Pierre Boucher monte la garde avec les quelque 40 hommes valides à sa disposition, la plupart adolescents et vieillards. Les défenseurs exercent une vigilance de tous les instants, et chaque assaut de l'ennemi est énergiquement repoussé. Aussi, après un siège de neuf jours, les Iroquois, désespérant de s'emparer du fort, demandent à parler de paix. Redoutant un piège, le gouverneur se rend seul à l'extérieur du fort, à la fois pour ne pas exposer ses soldats improvisés à une attaque surprise et ne pas laisser connaître la faiblesse de son effectif. On ignore les arguments qu'a pu utiliser l'astucieux commandant pour amener les chefs ennemis à accepter ses propres conditions. Il écrira plus tard : « La paix fut arrêtée aux conditions qu'ils me rendraient tous les prisonniers qu'ils avaient dans leur armée, tant français que sauvages ; qu'ils iraient chercher ceux qu'ils avaient dans leurs villages et les ramèneraient dans quarante jours, et que les plus considérables des nations iroquoises viendraient à Québec avec des présents demander la paix à monsieur de Lauzon, notre gouverneur, et la conclure. Ce qui fut exécuté en tous points. Et en partant, ils me laissèrent en otage six de leurs enfants». Lorsqu'il apprit cette victoire inespérée, le gouverneur Jean de Lauson dit à Pierre Boucher qu'il avait «eu du bonheur d'avoir si bien conservé [son] poste. Car si les ennemis eussent pris les Trois-Rivières, tout le pays était perdu». Le rédacteur de la Relation de cette année s'empresse de noter : «Ce coup est si soudain, ce changement dans des esprits barbares si surprenant, qu'il faut confesser qu'un génie plus relevé que l'humain a conduit cet ouvrage».

Ce n'est cependant qu'après cet exploit que Boucher recevra officiellement le titre de commandant du fort qu'il vient de sauver. L'ordonnance de Lauson porte la date du 23 août, précisément le premier jour de l'attaque des Iroquois, mais le rapport envoyé par Boucher au gouverneur mentionne expressément que sa nomination est postérieure à l'événement et qu'elle lui fut accordée en récompense de ses succès à cette occasion. De même sa nomination comme gouverneur, qui porte la date du 1er octobre 1654 et la mention «gouverneur en titre», lui fut octroyée après sa véritable entrée en fonctions. Entre-temps, on lui confie d'autres responsabilités. Depuis 1651, il est «marguillier des œuvres paroissiales». Il exerce à diverses reprises la charge de juge civil et criminel, ce qui l'oblige à régler les chicanes entre voisins, des tricheries au jeu, de menus larcins. Sa sereine philosophie lui permet de se rendre compte que les épreuves successives n'ont pas assagi ses concitoyens. La traite de l'eau-de-vie redevient la grande activité des habitants qui, délaissant leurs familles, repartent en course. Bref, le bourg de Trois-Rivières est loin d'être l'endroit où Boucher rêve d'établir une seigneurie selon sa conception.

En 1657, alors que ses concitoyens viennent tout juste de l'élire par voie de suffrage « conseiller du Roy au Conseil étably à Québec », il sollicite du gouverneur la faveur d'abandonner ses fonctions officielles et de se retirer sur ce qu'il appelle « son bien ». En réalité il possède quelques concessions dans la région. Il choisit celle de Sainte-Marie, au Cap-de-la-Madeleine, domaine de 200 arpents en superficie. On se rend compte, en lisant les minutes des notaires de l'époque et particulièrement celles de Claude Herlin, combien Pierre Boucher attachait d'importance à la sauvegarde des habitants qui acceptaient de devenir ses censitaires. Il est continuellement question de redoutes, de bastions, de clôtures de pieux. Boucher continue à protéger ses concitoyens, même malgré eux, car le danger des attaques iroquoises subsiste, surtout en 1658 et 1659. Les habitants du Cap sont épargnés et, le 27 avril 1660, le supérieur des missions, le père Jérôme Lalemant, signale « les grandes dépenses que le sieur Boucher a faites pour le soutien de tout le Cap de la Madeleine contre les Iroquois et les dépenses qu'il y a faites pour s'y établir ».

Le gouverneur Dubois Davaugour, à son arrivée à Québec le 31 août 1661, n'est pas lent à se rendre compte de l'état déplorable de la colonie. Il prend rapidement deux décisions importantes : il place un jésuite, le père Ragueneau, « à la tête d'un Conseil général pour le service du Roy et le bien du pays » ; puis il veut envoyer un délégué qui connaît bien le pays plaider la cause de la colonie auprès du nouveau roi, Louis XIV. Le choix de cet envoyé spécial, le gouverneur ne peut le faire seul, car il vient d'arriver. Bien que l'historien Sulte ait émis une hypothèse contraire, c'est d'un commun accord avec les Jésuites et les notables de la colonie qu'il désigne Pierre Boucher, à qui il vient d'apporter les lettres d'anoblissement obtenues par Lauson à son retour à Paris. Boucher, en effet, connaît la colonie mieux que personne. Il a à son crédit d'éclatants faits d'armes. Il a vécu dans l'intimité des gouverneurs, ce qui lui a permis d'acquérir une distinction de manières et d'allure. De plus, Davaugour lui remet, comme l'a noté Boucher lui-même, un « Mémoire d'instructions de la manière dont je devais me comporter et à qui je devais m'adresser, ce que je suivis exactement».

Pierre Boucher s'embarque pour Paris le 22 octobre, porteur des dépêches du gouverneur, dont une lettre importante adressée au prince de Condé. Il apportait aussi les lettres des Jésuites du Canada à leur maison de Paris, dont le procureur était son vieil ami, le père Paul Le Jeune, qui, à n'en pas douter, lui facilita sa mission. On peut admettre avec le père Léon Pouliot que l'Épître au Roi du père Le Jeune, qui introduit la Relation de 1661, dont le permis d'imprimer est du 20 janvier 1662, fut inspirée par la présence de Pierre Boucher à Paris et avait pour but d'appuyer les arguments du jeune délégué. Les lignes que Boucher consacre à l'audience royale dans son «Mémoire» de 1695 sont très sobres : «J'eus l'honneur de parler au Roy, qui m'interrogea sur l'estat du Pays, dont je luy rendis un fidelle compte, et Sa Majesté me promit qu'elle secourrerait le pays et le prendrait sous sa protection; ce qu'elle a fait». Boucher eut aussi des entretiens avec diverses personnes de la cour, dont le prince de Condé et Colbert, lequel lui demanda un rapport écrit sur les richesses de ce pays et les raisons de le conserver à la France.

Quand il repartit de La Rochelle le 15 juillet 1662, Boucher pouvait compter sur les deux vaisseaux, les 100 soldats et les vivres et munitions promis par le roi. Il avait lui-même recruté « cent hommes de travail », ayant emprunté de l'argent pour payer leur traversée. Le voyage de retour fut long et pénible ; l'Aigle d'or et le Saint-Jean-Baptiste essuyèrent de furieuses tempêtes. Une soixantaine d'hommes, « tant soldats que travaillants », moururent en mer. Le bruit se répandit que ces gens étaient morts de la peste, ce qui était faux, mais Boucher dut pendant longtemps héberger lui-même ses recrues. Il fit son rapport à Davaugour qui lui délivra la commission de gouverneur de Trois-Rivières.

La réussite de la mission de Pierre Boucher marque une nouvelle orientation de l'histoire de la Nouvelle-France. Sa présence au milieu des personnes les plus influentes du royaume a suscité autour de son pays beaucoup de curiosité et de sympathie. Son rapport, à la rédaction duquel il s'appliqua dès son retour, intensifia l'intérêt à l'endroit de la Nouvelle-France. Propagande intelligente, sincère, rationnelle, qui venait appuyer, sur le plan humain et économique, ce qu'on savait déjà de ce pays par les Relations des Jésuites. Le plus heureux effet de ce petit ouvrage fut l'envoi des troupes du régiment de Carignan et la venue du marquis Prouville de Tracy et de l'intendant Talon. Enfin la France prenait au sérieux le sort de sa lointaine colonie.

Le nouveau gouverneur, Saffray de Mézy, confirme Boucher dans son poste de gouverneur. Presque en même temps, le 17 novembre 1663, le Conseil souverain lui confie la charge de juge royal, poste qu'il abandonne l'année suivante en faveur de Michel Leneuf. Il est devenu la figure dominante de la colonie et, dès leur arrivée, les gouverneurs successifs et les chefs militaires sollicitent ses avis et ses conseils. Le marquis de Tracy, qu'il accompagne lors de la fameuse expédition de 1666 contre les Agniers, lui témoigne notamment beaucoup d'estime. Mais cet homme, qui jouit de tous les honneurs et qui bénéficie de la confiance de tous, grands et humbles, n'est pas satisfait. Ce pays, continuellement en état de guerre, devrait être un pays de paix. Lui-même veut donner l'exemple, et d'ailleurs il y songe depuis longtemps. En 1667, étant toujours gouverneur de Trois-Rivières et seigneur de Sainte-Marie, il prend une décision radicale qu'il fait accepter par le gouverneur Rémy de Courcelle et par le lieutenant général, le marquis de Tracy. Il ira s'établir en pleine sauvagerie, dans sa seigneurie des îles Percées, plus tard appelée Boucherville. Il vient de marier Marie, sa fille aînée, au vaillant officier René Gaultier de Varennes, à qui il confie, d'accord avec les autorités, son poste de gouverneur. Les raisons de cette décision, Boucher les a énumérées dans un écrit qui nous est parvenu et qui démontre sa grandeur d'âme et l'intensité de son sens social. On y sent percer la déception de voir ses compatriotes pour lesquels il a maintes fois risqué sa vie, et dont quelques-uns sont de sa parenté, mener une vie qui n'est pas conforme à l'idéal qu'il s'est lui-même tracé. En effet, sa belle-mère, Jeanne Énard, veuve de Christophe Crevier, et ses deux beaux-frères sont fortement incriminés dans les enquêtes du Conseil souverain sur la traite de l'eau-de-vie, et celui qui l'a remplacé comme juge, Michel Leneuf, n'est pas à la hauteur de sa tâche. Ces incidents sont sans doute à l'origine de sa décision d'avoir « un lieu dans ce pays où les gens de bien puissent vivre en repos ».

Il a 45 ans, et ainsi commence la dernière, aussi la plus longue et la plus paisible étape de sa carrière. Il se consacrera désormais à la réalisation de son rêve le plus cher : développer une seigneurie selon sa propre conception, avec des colons judicieusement choisis et prêts à accepter une souple discipline. Le 4 avril 1673, il réunit au manoir seigneurial les 37 censitaires qui ont fait leurs preuves et il leur remet leurs titres de concession. Les droits seigneuriaux sont minimes : juste ce qu'il faut pour subvenir aux besoins communaux, car il cultive lui-même ses terres. La seigneurie s'édifie dans la paix, dans l'entraide. Les enfants naissent, et les époux

Boucher donnent l'exemple. Au registre paroissial, Jeanne Boucher ouvre la liste des baptêmes.

La seigneurie de Boucherville est devenue en moins de 15 ans la seigneurie idéale. Elle est en tous points fidèle au plan que Boucher avait lui-même élaboré dans son mémoire à Colbert. Le recensement de 1681 énumère les colons, leurs enfants, leur métier, le nombre d'arpents en culture. Le seigneur lui-même a 100 arpents de terre en valeur : on ne lui signale aucun domestique, car ses fils sont d'âge à travailler. Cette organisation parfaite retient l'attention des autorités et des voyageurs. Cette seigneurie « est une des plus belles terres et des plus riches de la colonie », notera l'intendant Bochart de Champigny. Selon Gédéon de Catalogne, ses habitants « sont les plus à l'aise du gouvernement de Montréal ».

Comme Champlain et Talon, Pierre Boucher a cru à la possibilité de créer un peuple nouveau par l'alliance de Français et d'Indiennes. Il donna lui-même l'exemple en épousant en 1649 une Huronne, élève des Ursulines de Québec, Marie Ouebadinskoue, autrement appelée Marie-Madeleine Chrestienne. La jeune femme mourut en décembre de la même année en donnant naissance à un enfant, qui ne vécut pas. Boucher épousa ensuite en 1652 une compatriote, Jeanne Crevier, fille du pionnier d'origine rouennaise Christophe Crevier, venue de France avec ses parents ; 15 enfants naquirent de cette union. Les fils adopteront divers noms, la plupart choisis par Pierre Boucher lui-même et inspirés du terroir percheron. Ils formeront les familles Montarville, Montbrun, Grosbois, Grandpré, Montizambert, La Bruère, La Perrière, Boucherville. Les filles s'allieront aux Gaultier de Varennes, Legardeur, Daneau de Muy, Sabrevois de Bleury. Par le jeu des alliances, la branche Montizambert deviendra, après la cession de 1763, anglaise et protestante. Une autre lignée, les Montbrun, gagne les Illinois et s'illustrera dans les domaines politique, militaire et médical. D'autres iront s'établir à l'île Maurice, aux Antilles, en Louisiane et en France.

La descendance de Pierre Boucher est certainement une des plus considérables laissées par les émigrés venus s'établir en Nouvelle-France au XVIIe siècle. Ce qui rend plus exacte encore l'appréciation que Brisay de Denonville envoyait, en 1686, à Seignelay, ministre de la Marine et fils de Colbert : « C'est la famille qui a le mieux travaillé au bien de la colonie, n'ayant rien négligé de tout ce qui est nécessaire pour l'avancer. Le père a été un des premiers fondateurs de la colonie sous M. d'Avaugour [Dubois]. Considéré de feu Mgr votre père, il a été longtemps gouverneur des Trois-Rivières. Sa seigneurie est une des plus belles de ce pays ».

Au cours de ses années de vieillesse, Pierre Boucher rédige ses « Mémoires », suite chronologique des événements auxquels il a été mêlé. C'est un genre de livre de raison, une série de notes assez sommaires et sans prétention, mais rempli d'une foule de petits faits qui ne sont pas sans importance pour mieux faire connaître son époque. Le sens profond que cet homme a voulu donner à sa vie se révèle surtout dans son testament spirituel, qu'il a intitulé « Mes dernières volontés », et qui est d'une originale et sincère simplicité. La tradition veut que pendant plusieurs années après sa mort les curés de Boucherville aient lu en chaire, le premier de l'an, le texte de ce testament. Les paroissiens s'y reconnaissaient. « Je ne vous laisse pas grand bien, avouait-il, mais le peu que je vous laisse est très bien acquis. J'ai fait ce que j'ai pu pour vous en laisser davantage, je n'ai rien négligé pour cela n'ayant fait aucune folle dépense, vous le savez tous ; mais Dieu, qui est le maître, ne m'en a pas voulu donner davantage. Je vous laisse bien des personnes de rang, de distinction et d'honnêtes gens pour amis. Je ne vous laisse aucun ennemi de ma part, que je sache. J'ai fait ce que j'ai pu pour vivre sans reproche ; tâchez de faire de même ». Après ce préambule, il a pour sa femme et ses enfants, qu'il nomme selon leur rang, une phrase appropriée, selon le tempérament de chacun et qui démontre à quel point la famille est unie. Si son écrit principal reste, à certains points de vue, l'ouvrage de propagande de 1663 dont nous avons plus haut signalé l'influence et la portée, la sereine philosophie qui se dégage du texte des dernières volontés et celle des raisons qui l'ont engagé à s'établir à Boucherville nous font mieux connaître la valeur morale de cet homme et le secret de son influence sur ses contemporains. Le père Léon Pouliot a résumé en une phrase la vie exceptionnelle de Pierre Boucher lorsqu'il écrit qu'il est « le Canadien le plus respectable et le plus grand de son époque; mérite que personne ne saurait lui ravir ».

Il mourut en son manoir de Boucherville le 19 avril 1717, à l'âge de 95 ans, dont 82 passées en Nouvelle-France. Il a vécu 20 ans sous Louis XIII, 73 ans sous Louis XIV et 2 ans sous Louis XV. Il a pu connaître les 13 premiers gouverneurs et les 7 premiers intendants de son pays d'adoption.

RAYMOND DOUVILLE

AJTR, Registres des audiences de la cour de juridiction civile et criminelle.— AN, Col., E (dossier Pierre Boucher). — Archives du séminaire de Trois-Rivières, Collection Montarville Boucher de La Bruère. —BN, mss, NAF 23—607. —[Pierre Boucher], *Histoire véritable et naturelle des mœurs et productions du pays de la Nouvelle-France, vulgairement dite le Canada* (Paris, 1664; « Société historique de Boucherville », I, 1964). — JJ (Laverdière et Casgrain), *passim*. —JR (Thwaites), *passim*. — Ordonnances inédites de Pierre Boucher, gouverneur des Trois-Rivières, *BRH*, XXXII (1926) : 187-192. — Claude de Bonnault, Le Canada militaire, *RAPQ*, 1949-51 : 517s. — Alfred-A. Cambray, *Robert Giffard, premier seigneur de Beauport et les origines de la Nouvelle-France* (Cap-de-la-Madeleine, 1932). — Archange Godbout, *Les pionniers de la région trifluvienne* (Trois-Rivières, 1934). — Louis Lalande, *Une vieille seigneurie, Boucherville* (Montréal, 1890). — Séraphin Marion, *Pierre Boucher* (Québec, 1927). — Mme Pierre Montagne, *Tourouvre et les Juchereau* (Québec, 1965). — Kathryn de Monbreun Whitefort, *A genealogy and history of Jacques Timothé Boucher sieur de Monbreun* (Ann Arbor, Mich., 1939). — Montarville Boucher de La Bruère, Pierre Boucher, *Cahiers des Dix*, II (1937) : 237-260; Pierre Boucher, colonisateur, *Cahiers des Dix*, III (1938) : 165-190.

TABLE DES MATIÈRES

COMPOSÉ EN PLANTIN CORPS 12
SELON UNE MAQUETTE RÉALISÉE PAR PIERRE-LOUIS CAUCHON
CE TROISIÈME TIRAGE A ÉTÉ ACHEVÉ D'IMPRIMER EN NOVEMBRE 2016
SUR LES PRESSES DE L'IMPRIMERIE MARQUIS
AU QUÉBEC
POUR LE COMPTE DE GILLES HERMAN
ÉDITEUR À L'ENSEIGNE DU SEPTENTRION